東日本大震災とアセンション

地球の高次意識からのメッセージ

坂本政道

◆目次

東日本大震災とアセンション——地球の高次意識からのメッセージ

はじめに

本書は、今回の東日本大震災について、地球の高次意識を代表する生命体から聞いたことがらを載せています。

地球の高次意識を代表する生命体とは、私が個人的にペレと呼ぶ女性的な存在です。ハワイの伝説に出てくる女神ペレとはまったく違う存在なのですが、交信し始めたきっかけが、２００９年3月にハワイ島のキラウエア火山に行ったことだったため、個人的にペレと呼ぶようになっています。そのとき、キラウエア火山の火口でハワイの女神ペレと交信しようとしたのですが、地球自体を代表する女性的な存在としてのペレとつながりました。

実は名前は何でもいいのです。ガイアと呼んでもいいと思います。ガイアはギリシャ神話に出てくる大地の女神です。ローマ神話ではテラという名の女神です。

ともに女性なのは、地球は母なる大地と呼ばれるように女性的、母性的な生命体だからではないでしょうか。

今回の大震災の後、ペレと時間をとってしっかりした交信をしようと思い立ったのは、3月29日になってからです。でも、それまでにも感覚的に情報は来ていたと思います。地震が起こったのが3月11日ですが、15日には以下をブログ（Mas日記）に載せています。

ここには、地球からのメッセージを垣間見ることができます。

＊＊＊＊＊＊＊＊＊＊＊＊＊＊＊＊＊＊＊＊

2011年3月15日のMas日記（http://www.aqu-aca.com/masblog/）より
3月11日に発生した東日本大震災において、被災された皆さまと、そのご家族の方々に、心よりお見舞い申し上げます。

ご存じのように、社会のさまざまな面に大きな影響が出てきています。今日、日経平均は１０００円以上下げました。先行きに対する不安が増大してきているようです。

首都圏で言えば、電力不足、ガソリン不足、電車が走らない、といった生活に直結する影響が出てきています。

こういった一見するとネガティブと思える影響ばかりが取りざたされていますが、実はポジティブな影響もかなりあるのです。

たとえば、今日、知人が送ってくれたのですが、

http://prayforjapan.jp/message/

を、ご覧になってください。

心温まるエピソードがたくさん出ています。

今回の大震災によって、多くの人が、今までともすれば忘れていた、人を助けるという心、分かち合うという気持ち、そういった何かとても大切なものに、気づかされたのではないでしょうか。

これこそ、アセンションへの一歩と言っていいように思います。

アセンションとは、そんなに遠いところにあるものではない、もっと身近なところにあるもの。

日々の生活の中で気づくことだと思います。

それから、もうひとつ、ポジティブな影響があります。

それは、このことがきっかけとなって、電力を節約するように仕向けられたことです。

たぶん、相当の間は、前のような電力消費はできないのではないでしょうか。

つまり、今までのような、あらゆるものを消費しつくす、生き方はできないということ。

その代わりに何をし始めたかというと、限りある電力をみなで分かち合うということです。

バシャールという地球外生命体は、アセンションの過程で、これまでの社会・経済・政治システムが崩壊していき、新しいものが生まれてくると言ってます。

今回の大震災によって、今までのようなエネルギーを大量に消費するシステムは、成り立たなくなり、その代わりに、分かち合うという新しいシステムが生まれてくるのではないでしょうか。

日本は、この意味で世界の最先端を行っていると言えそうです。

壊れていく古いシステムにしがみつくのではなく、生まれてくる新しいシステムをサポートしていくことが大切だと思います。

そういう発想の転換が今、求められているような気がします。

＊＊＊＊＊＊＊＊＊＊＊＊＊＊＊＊＊＊＊＊＊

この日記を書いたころぐらいから、何かを伝えなければいけない、という衝動が日に日に強まってきました。

ただ、他にしなければならないことが山のようにあり、とても時間を割くことはできない状況でした。

ですから、そういう衝動を無視していたのですが、ふと、ちょっと交信してもいいかなと思ったのが、３月29日のことです。

私はこれまでバシャールという地球外生命体と交信するのが常だったので、今回もバシャールから何かメッセージがあるのだろうと思い、バシャールとつながることにしました。

ところが、いざつながろうとすると、バシャールではなく、ペレとつながってしまったのです。もちろんペレとも、これまでにもときどき交信していたのですが、必要のない限り、あまり彼女は前面には出て来てなかったのです。

初めは少し驚きましたが、じきに納得しました。今回の大震災は地球が関連するのだから、当然と言えば当然だと。

そして、毎日少しずつ得た情報をパソコンに記録していきました。その結果が、本書になりました。

これをお読みになられて、この大震災の意味と、アセンションとの関連について、ポジティブなメッセージを受け取っていただければ幸いです。

２０１１年４月６日
坂本政道

地球の高次意識からのメッセージ

著者からの断り書き：
地球の高次意識からのメッセージはそのままお伝えしていますが、メッセージに、被災者や関係者に対して失礼にあたると感じられる表現が出てくるかもしれませんが、ご容赦ください。
なお、細ゴチック体の文章が私の質問で、２字下げ明朝体文字の文章が、高次意識からのメッセージです。

なぜ、震災は日本で起きたのか

今回の震災について地球としてはどう思ってらっしゃるのですか？

今回の震災で亡くなられた方々とそのご家族、そして被災された方々に、心からお悔やみを申し上げます。彼らの深い悲しみは私たちの悲しみでもあります。人類は私たちにとって子供たちのようなもの。彼らが悲しむことは私たちとしても心が痛みます。

ただ、今回のことで亡くなられた方々はみなそれを承知で、この生を選んで来ています。この震災を意識が向上する絶好の機会としているのです。

また、これに関連する多くの人にとっても、この機会が意識の発展にとってとても大切なのです。それを私たちは手助けするために今回の地震を起こしました。

悲しみに包まれている方々にはお気の毒ですが、ご理解をお願いします。

あなたの日記にも書かれていますが、多くの方がこの震災を通して、思いやりの心に触れることができました。思いやりを持つこと、自他に対して思いやりを持つことは、アセンションそのものなのです（註：アセンションについては、解説に載せていますので、詳しくはそちらをご覧ください。人類がひとつ上の意識レベルへ上がることと、具体的には第３密度から第４密度へ上がることと言われています）。

そして、ありがとうという感謝の念。多くの被災された方が、心からありがとうと言う姿は感動を呼びました。不平不満の言葉が聞こえてきてもまったくおかしくないような状況に置かれていながら、食事ができるようになったとき、水が飲めるようになったとき、みな異口同音に、ありがとうと言われていました。これには思わず涙を流された方も多いのではないでしょうか。

温かい心の輪が広がり、日本が、世界がひとつになるということが経験された瞬間でもありました。これこそがアセンションなのです。

思いを共有するということ、特に今回のように、やさしさといたわりの気持ちを共有するということは、これから人類が次のレベルへ移行していくにつれて、ますます多くなります。

この温かい心を忘れずに、心の中心にすえるとき、何ごとが起こっても心の安定を保つことができます。この他者をいたわる心、思いやる心に多くの方が目覚めました。

これから、それを保っていくことができれば、着実にアセンションを進んでいくことができるでしょう。

これからのキーワードは、思いやりの輪です。アセンションと聞くと何か高尚なことに目覚めることかと思われがちですが、そうではないのです。

みなそれぞれが、他者をいたわる心、思いやりの心に目覚め、それを心の真ん中に持つようになる、このことなのです。

今回の震災は、そのことにみなが気づく大切な機会を提供してくれています。この機を逃さないようにしてください。

地球としても、これからもお手伝いしていきたいと思っています。

今回の震災は、アセンションに伴い地球が第3密度から第4密度へ上がっていくことによる、エネルギー的な変化に伴うものではないのでしょうか？（註：アセンションと密度の関係については、解説をご覧ください）
もちろんそういう変化に伴うものです。私たちは、そういう変化を利用したのです。ちょうど最適なタイミングで、最適な場所を選んでいます。東北地方の沖合には海洋プレートの大きなストレスがたまっていました。通常ならひとつのプレートのストレスのみが解放されるのですが、今回は3つのプレートのストレスが連動して解放されるようにしています。

これから他の地域でも似たような大災害が起こるのですか?

はい。地球が第3密度から第4密度へ移行するのは、エネルギー的に大変なことなのです。とても大きなエネルギー場の変動を伴います。ですから、ストレスがたまった場所は、それを解放せざるをえないのです。
そのため、世界の他の地域でも地震や火山の噴火が起こります。タイミングや場所を最適になるようにしています。かならずしも、あなたがたの目で見て最適かどうかはわかりませんが。むしろ最悪のタイミングと映るかもしれません。
こちらの目で見て最適とは、新しい世界への移行を遂げたいと思っている人たちすべてが適切な時刻に適切な場所に居合わせるということです。ひとり残さず、ちゃんとこの事象を利用できるようにするということです。

なるほど。私たちの心境としては、なかなか受け入れがたい考え方ですが。それでは、次はいつどこで起こるか教えていただけますか？

（答えはないが、いくつかの地域の印象が浮かぶが、それについては確かなところはわからないので、ここには書かないことにする）

それでは、今回日本で起こった理由はなんですか？

日本人の中には、次の段階へ進む準備ができた方が多くいます。ですから、日本で起こったのです。プレートのストレスがたまっていて利用できるということもありました。

それから、日本人の持つ特殊なメンタリティというのもあります。ご存じのように、日本人は他の国の人たちに比べて、助け合いの精神や、他者をいたわる心を持っています。また全体が協調し調和することができるという優れた特質も持っています。

そのため、今回の震災においても、それがいかんなく発揮され、世界の驚くところとなりました。

そして、今後、世界の他の地域で起こる類似の災害の際のすばらしい規範となることができるのです。こういうことがわかっていましたので、まず日本で起こったのです。

そうだったんですか。日本人もずいぶんと期待されていたわけですね。確かに、同じことが他の地域で起きたら、まったく違う展開になっていた可能性は大きいですね。

ネガティブな感情はアセンションに逆行しないか

ところで、この震災で多くの方が、深い悲しみを体験されていますが、そういうネガティブな感情は、ネガティブな方向へ、つまりアセンションとは逆の方向へ向かわせてしまう恐れはないのでしょうか？

中にはそういう人もいます。いつまでも悲しみや不安、怒り、恐怖心の中にいて、その中に囚われてしまうのです。でも、そういう人はまれで、多くの方が、悲しみをポジティブな形で使うことを学びます。

それはどういうことですか?

悲しみの中に沈んでいることも、そこから抜け出すことも、選択なんだと気づくのです。感情も自分で選択しているということに気づくのです。これはとてもパワフルな気づきです。

このことについては、また後で詳しくお話ししますが、こう気づくきっかけは、まわりの人たちの温かい思いです。いたわりの気持ち、思いやりの心に触れることで、癒され、こう気づくのです。そして、自らも温かい思いを持つようになります。

あなたがたは、自分の感情は選択できないというふうに考える傾向があります。自動的に、瞬時に出てくると思うわけです。

確かに、何かに対する反応という場合は、そういう強い傾向があります。が、今回の地震の場合のように、肉親を亡くすとか、家財産をすべて失うということから、悲しみに落ちるのですが、そこにいつまでもい続けるのか、それとも脱却するかは、その人の選択です。

それが選択だと気づくと、それ以降、もっと日常での感情も、瞬時の反応ではなく、選択なのだということがわかるようになります。

そして、実際に選択できるようになっていきます。

それから、多くの人たちの温かい思いや、支援に会い、思いやりの心の大切さに改めて気づく人もいます。それまでは、頭で知っていても、心からそう思うことはなかったのが、今回、自衛隊員をはじめ、警察、消防、医療関係者、地元の有志、ボランティアなどからの心温まる支援を直接受け、感激し、思いやりの心の大切さに気づくのです。そして、自らも、思いやりの心を常に持とうと思うようになります。

思いやりの心がアセンションにとって一番のキーワードです。

今回の震災で、他の人たちの思いやりの心に触発されて、自らもその大切さに気づいた人は、被災された方に限らず、多くいたと思います。

ですから、多くの方が、この機会を利用するというのは、こういうことなのです。ここでの体験で、他では得られないような貴重な気づきを得られるのです。それがわかっていて、今この時期に生まれてきた人たちが大勢います。

人はみな生まれる前に、人生の重要なポイントとなる出来事や、自分にとって大切な人との出会いを設定してきます。そうすることで、人生で最大限の学びや気づきが得られるようにするのです。

生まれた後はそういう設定をしたことすらまったく覚えていません。ですから、実際生きてみて、思惑通りの成果が得られる場合と、得られない場合とがあります。そういう意味では、人生は実際にやってみないとわからないという面があります。人生のそれぞれの局面でどう対応するかは、その生きている自分の選択に任されているからです。自由意思が尊重されるのです。

今回の震災で被災された方がこの体験からどういう気づきを得るかは、人によりさまざまです。

先ほどは、感情が選択できることに気づく人が出てくるということをお話ししましたが、人によっては、人の命のはかなさを知る、つまり世の無常を悟る人もいます。

朝元気に出ていった人が、そのまま帰らぬ人になってしまった。あっという間の出来事で、命は何とはかないものなのかと知るわけですね。

そうです。そこから死について真面目に考えるようになります。どうしたら死の問題を解決できるか、と真剣に悩むのです。

昔風に言えば、世の無常を嘆いて、仏門に入るというところですね。昔は、桜の花が散るのを見て、そのまま出家した人もいたそうです。桜の花のはかなさを見て、わが身のはかなさに気づいたわけです。

あなたも、死の恐怖を解決するために、モンロー研究所の門をたたいたわけですよね。

まあ、そういう言い方もできますね。桜の散るのを見て、モンロー研に行ったのではありませんが。子供のころから死の恐怖がとても強く、それをなんとかしたいとずっと思っていたのです。でも、結局無理だとあきらめて、そのことについては忘れていました。ところがアメリカに渡り、ひょんなことからロバート・モンローの本に出合い、そこからモンロー研究所の開発したヘミシンクを知り、死後世界を探索するなどして、最終的に死の恐怖を解決することができました。（註：ヘミシンクについては解説をご覧ください）

死は終わりではない、人は死を超えて生き続けるということ、さらに、向こうの世界には多くの温かな手助けがあるということを知ることで、死の恐怖はなくなりました。
被災された方の中には、あなたと同じように、死が終わりではないんだ、ということに気づく人も出てきます。この体験を通して、非物質世界の存在を知る人も出てくるのです。

それは驚きですね。どうやってですか?

夢の中で亡くなった家族に会ったり、交信したり、という体験をするのです。それがとてもリアルで、夢とは思えないほどなのです。こういう体験から、死後の存続を確信するようになるのです。
さらには、もっと日常的に亡くなった方と交信できるようになる人も出てきます。

それはすごいですね。亡くなったご主人や家族に会いたい一心で、ヘミシンクを聴き始める方がけっこういらっしゃいます。そして、私の会社でのヘミシンクのセミナーに何度も参加されて、ついに会えるようになり、人によっては、日常的に交信をされるようになる方もいらっしゃいます。

アセンションとは、この世とあの世の境界が薄くなることでもあります。より多くの人があの世の存在を知るようになると、ますます境界は薄くなっていきます。そういう意味で、この人たちは、変化を促進し、世の中に大きな貢献をするのです。こういう人たちは今後ますます増えていくことでしょう。こちらと向こうの境界が薄くなることで、人によっては自分を導く生命存在とつながるようになる人も出てくるでしょう。

自分を導く生命存在とは、ガイドとか、守護霊、守護神と呼ばれる存在ですね。

はい、呼び名はさまざまですが、すべての人にそういう生命存在が複数います。各自を常に導いてくれています。ヒントやひらめきを与えてくれたり、重要な出会いをアレンジしたりします。そういう重要な存在なのですが、彼らに気がつく人はまれです。まして、彼らとつながって直接の導きを得られるようになる人はきわめて少ないのが現状です。

それが、今回のことをきっかけにして、交信するようになる人も出てきます。初めは夢の中の場合もあれば、日常でのちょっとしたひらめきであったりします。そういうことをきっかけにして、つながりが強まるのです。

このように多くの方が、今回のことをとおしてさまざまな気づきを得ていきます。

みなさんがヘミシンクを聴くようになってくれるとうれしいですね。ヘミシンクを使えば、死後世界を知ることも、亡くなった方と会うことも、ガイドと交信することもできるようになるわけですから。

亡くなった方々もこの時期を選んで生まれてきた

亡くなった方も同様にこの機会を利用するために、わざわざこの時期を選んで生まれてきています。

それには、ふたつの意味合いがあります。

ひとつは、本人にとっての意味合い。もうひとつは家族や知人にとっての意味合いです。

まず、家族や知人にとっての意味合いとは、自分が亡くなることで、彼らが気づく機会を与えるということ。

愛する人を亡くすことは家族や知人にとってとてもつらいことですが、そういう出来事だからこそ、得られる気づきも大きいのです。

先ほどお話ししたように、残された方々に価値あるさまざまな気づきが起こります。感情は選択できるということ、思いやりの大切さ、世の無常、死後の存続、亡くなった方との交信、ガイドとの交信です。こういう体験だからこそ得られた気づきとも言えるでしょう。

次に、亡くなった方本人にとっての意味合いとは、他の人の役に立って死ぬこと、つまり犠牲になるということです。

本人が亡くなることで、家族や知人に気づきの機会を提供し、さらには、日本中の人たち、世界中の人たちにも同様の機会を提供しています。

それはとても深い思いやりの心からの行為なのです。無条件の愛の心からの行為とは、自分の身を犠牲にして何かをやることでしょう。本人に下心があると無条件とは言えませんが、今回のように本人は助かりたいと必死になっていて死ぬので、そういう下心はありません。もっと深いところで合意して、死んでいるので、本人の顕在意識ではそれを知らないのです。

そうなんですか。本人は知らないけど、深いところで合意していたと。

はい。そういう合意の下に生まれてきたのです。生まれた後は、そういうことは忘れています。

亡くなられた方々は、残った人たちのために献身的なことをされたということですね。それでは、津波に流されたけど、後で助かった人たちはどうなのですか？　どういう意味を持っているのでしょうか？

彼らは彼らで、人に感動を与えています。それが人の役に立っているのです。何日もしてから救出された人のニュースを聞いて、ほっとしませんでしたか？

はい、確かに。暗いニュースばかり伝えられる中で、少しほっとするニュースでした。そういう意味合いがあったんですね。

原発事故の今後の展開

原発の事故ですが、今後、どうなるのでしょうか?

私たちとしても、地球環境があまり汚染されることは好みません。それによる悪影響は避けたいと思っています。

これは地震や津波とは異なる話です。地震と津波による災害は、家や道路、橋が壊れたり、木々が倒れたりといったもので、自然環境を大きく破壊するものではなく、修復可能です。こういうことは地球上で常に起こっています。ある意味、浄化という意味合いもあります。

それに対して、放射能汚染は、地球環境に修復しづらい影響を与えます。何年もその地が汚染されるという物質界での影響だけでなく、非物質界のエネルギー的な影響もあります。

どういう意味ですか？

放射能は、物質界だけではなく、非物質界にもエネルギーをもっています。そのため、汚染が広がった領域は非物質界でもその影響が出ます。

それは悪影響なのですか？

はい。エネルギー体が健全さを失うという意味で、そうです。地球自体の持つ、その地のエネルギー体がゆがめられます。その修復には、実際に汚染物資を除去し、無害化するということを物質界で行なう必要があります。ですから、この汚染が広範囲に広がらないように、私たちとしてもできることはやりたいと思っています。

干渉するということですか？

直接的な干渉はできませんが、間接的な干渉はできます。たとえば、天気や風を利用するのです。寒さが続いていますが、なぜかわかりますか？

いえ。

寒いほうが、汚染が広がるのを押さえることができるのです。また、風向きも、西風の日が多く、内陸ではなく、海へ汚染物が拡散するようにしています。

そうだったんですか。

はい。それ以外にも、作業員のみなさんにエネルギーを与えたり、解決策をひらめかせたり、ということをガイドたちと協力して行なっています。

作業員のみなさんにいろいろとやっていてくださったんですね、ありがとうございます。ただ、間接的にできることは限られています。でも、大丈夫ですよ。原発がこれ以上の大問題になるということは予定には入っていませんので。

予定ですか？

はい。アセンションの大きな流れに乗って、人類と地球がスムーズに上がっていけるよう、私たちは予定を組み、手助けしています。

これは私たち地球意識だけでなく、あなたがたの人類全体を導く意識存在たちとの合意の下に行なっています。さらには、地球のまわりに集まっている多くの地球外生命体たちの手助けも得ています。

後でお話ししますが、地球のまわりの非物質次元には、宇宙のさまざまな領域から生命体が多数集まってきています。これから地球で起こる一大変化を単に観察するために来ている者たちもいますが、そうではなく、手助けのために来ている者たちも大勢います。

彼らがどういう立場で来ているかは、彼らの自由ですので、こちらから強制することはできません。ご存じのように自由意思というものは、宇宙では尊重されています。

ダリル・アンカという人がバシャール（脚注：バシャールについて詳しくは解説をご覧ください）という地球外生命体をチャネルしています。バシャールによれば、以前一度だけ、直接的な干渉を行なったことがあると。原子炉が臨界状態を越えそうな事態になったときのことで、理由はこの次元だけでなく、別の次元にまで影響が及ぶのを防ぐ必要があったからとのことです。今回はそういう必要はないということですね。

はい。必要があるとは考えられていません。ただ、すべてが予定どおりに行くとは限らない面もあります。なぜなら、アセンションの全貌がまだまだ見えないからです。これほどまでに大規模なアセンションは、これまでに宇宙で起こったことがないのです。だから、だれにも今後の展開について確定的なことは言えないところはあります。ただ、この原子炉の問題に関しては、心配は御無用です。

ネガティブな存在たち

集まってきている地球外生命体の中にはポジティブな生命体もいれば、ネガティブな生命体たちもいます。ここで、ポジティブな生命体とは、他者に奉仕するものたちであり、それに対して、ネガティブな生命体とは、自己に奉仕するものたちです。愛が他者へ向かうか、自己へ向かうかの違いです。

ポジティブな生命体たちはあなたがたに援助の手を差し伸べるために来ています。それに対して、ネガティブな生命体たちは、この機会を利用して、自らのしもべを作ろうと画策しています。ただ、多くの場合、彼らは成功していません。

この時期、地球には多くのポジティブなエネルギーが入ってきています。これは、温かな愛情、思いやりの心、と言い換えたほうがわかりやすいかもしれません。

宇宙中からそういうエネルギーが地球に注がれていると思ってください。支援のエネルギーです。

ですから、ネガティブな存在たちがいくら騒いだところで、この圧倒するエネルギーの中で、ほとんど効果を発揮できないのです。よほど自ら好んでネガティブな存在たちのしもべになろうとする人以外はです。

今回の地震は、アメリカの地震兵器によって意図的に作られたものだ、と言う人がいますが、どうなのでしょうか?

これはネガティブな地球外生命体が意図的に流しているデマです。彼らは彼らが影響を与えることができる人たちに、この手のデマ情報をダウンロードします。まったくの根拠のない情報です。

なんでそういうことをするのですか？

人々を恐怖に陥れたり、不安感を増長させたり、アメリカ政府に対する不信感をあおるためです。そうすることで、より多くの人がネガティブな感情を抱くようにするためです。

ただし、今地球上には宇宙中から暖かなエネルギーが注ぎ込まれています。それこそあふれんばかりに来ていますので、ネガティブな生命体たちが何をしようと大して効果はないのです。

そうですね。地震兵器なんて、地震平気だ、と笑い飛ばすといいですね。

ネガティブな感情を癒す

はい。笑いには、とても強いポジティブな力があります。

こういう状況ですから、今回の震災でどんなにネガティブな感情を持ったとしても、それがネガティブな存在たちを引き寄せるということは心配する必要はありません。

それよりも、悲しみや苦しみ、怒り、恐れなどネガティブな感情をもっていたなら、まず、そういう自分をやさしく認めてあげてください。

『悲しんでいいんだよ、怒っていいんだよ、怖がっていいんだよ』と。

『がんばらなくていいんだよ。思いっきり泣いていいんだよ。馬鹿やろうってどなっていいんだよ』と。

今は、そういう自分をそのまま、やさしく認めてあげてください。

泣けるだけ泣いてください。

そういう時間が必要です。

亡くなった人との楽しかったときのことを思い出してください。

忘れようとしないこと。しっかりと思い出して、抱きしめてください。

そうしてもいいのです。

それが癒しになるのですから。

ボーっとしていたいのなら、ボーっとする時間を持ちましょうね。

そして、十分に悲しみをかみしめたら、そこから次のステップへとゆっくりと進んでください。

少しゆとりが出てきたら、まわりに目をやってみましょう。

いつの間にか、道端に草が生えてきたかもしれません。花が咲いてるかもしれません。

青空に桜が生き生きと輝いているかもしれません。

自然は、なにごともなかったかのように、春になり、あらたな生命の息吹がそこかしこに感じられるでしょう。花を眺めてみてはどうでしょうか。

少し癒されるかもしれません。

花とは、けなげなもので、誰が見ていなくとも、いつもニコニコして、一生懸命まわりへ癒しのエネルギーを放っています。

見ているだけで、なんとなくほっとします。あまりにけなげで、涙が出てくることさえあります。

実は、花だけではありません。

木々も草も、みなそうなのです。まわりへ、生命のエネルギーを放っています。

木々の間を散歩して気持ちがいいのはそのためです。

ちょっと散歩してみてはどうでしょうか。

そうすることで少しずつ心を開いていきましょう。心を開くことで、癒しのエネルギーも入りやすくなります。

今、被災地には多くの癒しのエネルギーが集まっています。世界中の人が、心からいたわりの気持ちを持ってくれています。それが、この地に、被災者に届けられています。

心を開いてまわりに意識を向けることで、癒しのエネルギーはひとりでに入り、癒してくれます。何もする必要はありません。

肩の力を抜き、ほっとしてください。

そうすれば、この地へ集まっている温かな思いやりの気持ちが癒してくれるでしょう。
そうすることで、感情が次第にバランスし、安定するようになります。

生命エネルギーを取り込む

癒しのエネルギーによる感情の安定化についてお話ししましたので、それに関連して、簡単にできる一つのエクササイズについて、お話ししましょう（詳しくは解説をご覧ください）。

意識のレベルを高めていく方法として、そして、感情のバランスを保つ方法として、生命エネルギーを体内へ、特にハートへ大量に取り込むというものがあります。この方法を実践し、生命エネルギーで満たされた状態になると、感情的に安定するようになります。

生命エネルギーとは、現代物理学にはまだ知られていないエネルギーです。ただこのエネルギーの存在は、古来から世界中の多くの文化で知られていました。気功で言う「気」やインドヨガで言う「プラーナ」がその一面をとらえています。

生命エネルギーにはいろいろな成分があります。命の元になるような成分から、愛情や知性も含まれています。癒しの力もあります。

地球や太陽、宇宙は生命エネルギーの宝庫、無限の源です。それらから生命エネルギーを自分の体内へ意図的に取り込むことができます。それには想像力を駆使します。

ゆっくりと息を吸い、それとともに、生命エネルギーが体内へ流れ込んでくると想像するのです。そうすると本当に流れ込んできます。

その際、体内を縦に通る垂直のエネルギーの管（プラーナ管と呼ばれます）があると想像します。その管は体内から下は地球内部へ、上は頭上から宇宙へと伸びていると想像します。

そして、吸う息とともに生命エネルギーが地球から管の中へ流れ込むことを想像します。同時に宇宙から管の中へ流れ込むと想像します。

下から来たエネルギーと上から来たエネルギーはハートで出会い、全身へと広がっていきます。

そして全身のすみずみまで行きわたります。

生命エネルギーには温かな愛情や癒しの力がありますので、これで全身を癒すことができます。

このエクササイズを日々繰り返していくと、地球や宇宙とのつながりが強くなっていきます。さらに、常時、地球と宇宙から生命エネルギーが流れ込んでくるようになります。

こういうふうになると、心にゆとりが生まれ、少々のことがあっても感情的に動揺したりせず、感情が安定します。たとえば怒ったとしても、一時的で、すぐに冷静さを取り戻すことができます。


心がうきうきしているときに何か嫌なことがあって、『あーいいよ』と許せるのと同じですか？

そうです。心にゆとりがあると、安定します。体の真ん中にしっかりと一本の柱が立ち、そこにエネルギーがたえず満たされている状態です。

このエクササイズの究極の目的は、生命エネルギーの源である『すべての源』と完璧につながることです。

『すべての源』については後ほど詳しくお話ししますが、『大いなるすべて』とも、『一なるもの』とも、単に『源』とも呼ばれます。

『すべての源』と完璧につながることができれば、あなたのすべてが100％、無条件に受け入れられます。そういう状態になっていくのが、アセンションなのです。

自分のすべてが無条件に受け入れられるのですか？

そうです。

無条件ということは、自分の良い面も悪い面もすべてOK、人殺しだろうと、うそつきだろうと、OKということですか？

はい。すべて受け入れられるのです。

震災の意義

それでは、今回の震災の持つ意義について、お話ししてください。

世界中の人がいたわりの気持ちを持ってくれていますが、そういう気持ちは価値あるものです。今回の震災は世界中の人たちにそういう思いを持たす機会を提供しているのです。

それについては、あなたも日記で書いていますね。この震災は、そういう意味ですばらしい機会を多くの人に与えています。

これがアセンションにとって大きな意味を持っていることが理解できたでしょうか？

はい、アセンションにとって、思いやりという心はとても重要で、震災は思いやりの気持ちに気づく機会を提供してくれたという点で、深い意味があります。

そうです。でも、意味はそれだけには留まりません。

人はとかく一つの出来事を一つの側面からだけ見る傾向がありますが、一般に出来事にはいろいろな側面での意味があります。

今回の震災は、人類の目から見れば、大災害と見えるかもしれません。確かに物質的な側面のみを見ていると、そうです。多くの人が突然、死んだり、家族を失ったり、家財をすべて失ったりしているわけですから。悲惨な出来事と映るのもやむをえないでしょう。

ただ、お話ししたように、これは、別の面から見ると、亡くなった方にも、生き残った方にも、その他の多くの方にも、貴重な気づきの機会を提供するという全く別の側面が見えてくるのです。

あなたがたはみなこの時期の地球にあえて生まれてきたということは、アセンションのことをしっかりと認識して、生まれてきたということです。

もちろん、顕在意識的には、アセンションについてまったく興味を示さない人が大半です。顕在意識的に興味を持つ人は一握りにすぎないでしょう。

だからと言って、ほとんどの人が無関係ではないです。

むしろその逆で、すべての人が大いに興味をもち、この機会を利用しようと思って生まれてきているのです。

ですから、今回の震災で亡くなられた方や被災された方は、顕在意識的には、アセンションということに何ら興味を示していなかったかもしれませんが、意識の深いところでは、そうではなく、計画的にこの出来事を利用しているのです。

人の意識とは顕在意識だけでは測れないものです。もっと深いというか、大きな自分があり、その大きな自分がいろいろと計画を練っているのです。

アセンションとは、この大きな自分としっかりとつながるようになることでもあります。大きな自分とは、ハイヤーセルフとか、トータルセルフと呼ばれることもあります。向こうの世界の自分と呼んでもいいでしょう。

ロバート・モンローは向こうの自分（I/There）という言葉を使いましたね。こちら（Here）に対して向こう（There）。この世とあの世と言い換えても、物質世界と非物質世界と言い換えてもいいです。ともかく向こうの世界には大きな自分がいるんだという意味です。モンローは、これまでの自分のすべての人生の集合というふうに定義しています。

はい、そういう大きな意味での自分がいて、そことのつながりを取り戻すのです。本当の自分、真の自己（トゥルーセルフ）という呼び方をする人もいます。いずれも同じ意味です。

あなたがたはみな、これまで大きな自分とのつながりが非常に細くなっていました。まったくつながっていなかったわけではありません。でも、つながりは、か細いものでした。

それが、今後、どんどんと太くなっていきます。

もちろん、そのためには、いろいろな気づきや、信念の転換ということが個人レベルで起こる必要があります。それを加速する出来事が今後どんどん起こってくるでしょう。

それは個人レベルの出来事であったり、今回のようなグローバルな規模のものもあります。

そのための多くの支援も来ています。前に言いましたが、宇宙中から暖かなエネルギーが集まってきて、みなさんがスムーズに移行できるようにしてくれています。

その流れに乗るようにしましょう。壊れてゆく古いシステムや考え方、価値観にしがみつくのではなく、新しく芽生えてくるものに乗っかっていくようにしましょう。それがこの移行を滑らかに行なう秘訣です。

原子力の今後

原子力発電は今後も使われるのでしょうか？

原子力は今回の事故を見てもわかるように、一度大事故になると、国民生活に多大な影響を及ぼすとともに、環境へも甚大な影響を及ぼします。常にそういうリスクと隣り合わせにいるというのは、最良な選択ではないでしょう。

環境にやさしく、効率が良いエネルギー源にいずれ取って代わられるでしょう。いわゆるフリーエネルギーと呼ばれる人類には未知のエネルギー源です。このエネルギーは無限に存在しますので、これが利用できるようになれば、人類はエネルギー問題から解放されることになります。

これは、生命エネルギーの一形態です。非物質次元でのエネルギーですので、それを物質次元へ下ろす必要があります。それにはいくつかの異なる方法があります。人類は遠からず、この方法に気づくでしょう。

ただ、そこにすぐに行けるわけではありません。それが実用化されるまでは、従来の方法の中でベストの組み合わせを使っていくしかないでしょう。

具体的には、火力、水力、風力などによる発電です。火力について言えば、今までよりも効率が良く、クリーンなやり方を模索する必要があります。

今回の震災により、原子力ではない、新たなエネルギー源の開発が加速します。それが、ゆくゆくはフリーエネルギー活用の実現につながってゆくのです。

被災された方々にわたしたちができることは？

大勢の方々が亡くなったり、被災されていますが、アセンションという観点から見て、彼らに対して私たちにできることはなんでしょうか？

まず生き残った方々に対することからお話しします。彼らの多くはご存じのように物質的な面で困難に直面しています。寝る場所がない、食べ物がない、物資がない、水がない、燃料がない、電気がない、トイレがない……。まず、こういった物質面での手助けを厚く行なうことです。

被災地へ直接かけつけて、さまざまな支援活動に参加してもいいですし、あるいは、被災地へ行かなくても、支援物資や義援金を寄付するということができます。

私もわずかながら赤十字へ寄付させていただきました。ただ、あさましいもので、寄付をすると、寄付したことをみんなに知ってもらいたいとか、褒めてもらいたいという心が出てきます。あるいは、秘かにうぬぼれたりもします。結局、偽善なんですね。本当の意味での善ではない、そう思います。

確かに、なにも対価を求めない純粋な善ではないことは事実です。でも、そういうこともやってみて初めて身にしみるものです。やらなければわからない。だから、そういう意味でもこの震災は、人に気づきの機会を提供しているのです。思いやりの気持ちを持つということは重要ですが、それをさらに行動に現すということも重要なのです。たとえば、義援金を送るとか。そうすることが新たな気づきにつながるのです。物質世界では、心でなにかを思うことも価値がありますが、それを行動で示すことも同様に価値があるのです。だからこそ、みなさんは物質世界で生きているのですから。

そうですか。心で思うだけでなく、実際にやってみる、形にするということですね。そこが非常に難しいことが多いですね。

よく女性が、「私を愛してるのなら、形で示して」とか言いますよね。で、ダイヤモンドの指輪を買わされたりします。形は目に見えるけど、心は目に見えないから。ちょっと話しが横道にそれました。失礼。

先ほどの話の続きをしましょう。みなさんが生き残った方々に対して何ができるのか、ということをお話ししています。

物質的な援助の次にできることをお話ししましょう。それは精神的、感情的な面でのケアーです。

悲しみや喪失感は、被災直後よりも何日とか何週間かしてからのほうが強くなります。心的外傷後ストレス障害（ＰＴＳＤ）と呼ばれる症状を起こす場合もあります。被災直後はある種の興奮状態にあるので、心をある程度しっかりと保つことができます。ところが、何週間か経ち、興奮状態が収まってくると、喪失感や悲しみ、不安、孤独感、罪悪感、恐怖、無力感あるいは不眠、身体的な障害を体験する人が増えてきます。

ですから、被災者の心のケアーという面での手助けが必要となってきます。専門のカウンセラーの数はあまりに少なく、手が足りません。

話を聞いてあげるだけでもかなりの効果があります。だからと言って、被災地へ多くの方が来られても、ただでさえ少ない物資や寝る場所が取られてしまうというジレンマがあります。

ひとつのアイデアとして、避難所で共同生活を行なっている場合には、そこにいる多数の子供たちと大人がいっしょに過ごす時間を設けるのです。

幼稚園と老人の施設を並存して造り、園児と老人たちがいっしょに遊ぶ時間を設けると、双方に良い効果があると言われています。それと同じです。子供たちの笑顔や活発な動きが大人たちに元気を与えてくれます。

被災されていない人が、こういう心のケアーという面でできることには何がありますか？

直接的な形でできることには限りがあります。次にお話しする癒しのエネルギーを送るということが、被災された方々の心を癒す効果がありますので、ぜひそれを行なっていただければと思います。

私どものようにヘミシンクを学んでいる者としては、ぜひ、被災された方々にヘミシンクを聴いてもらいたいという思いがあります。ヘミシンクには癒しの効果があり、バックグランドに流して単に聴いているだけで、癒されます。うまく眠れなかった人が、ぐっすり眠れたという声もよく耳にします。

最近、ヘミシンクのそういう実用面での効果をまとめた本が出版されました。『全脳革命』（ハート出版）です。医療、精神医学、教育、介護現場などでの実際の応用について、各分野の専門家によって書かれている画期的な本です。被災された方々のご理解をいただければ、聴いていただくことはできるのですが。

そうですね。少し努力してみられてはいかがでしょう。被災地にも、ヘミシンクに理解のある医療関係者はいらっしゃるはずです。そういう方々を探し出し、協力してみてはいかがでしょうか。

わかりました。

話を続けましょう。アセンションという観点から言うと、生き残った方々がこの体験から気づきを得るということが大切です。被災されていない人としては、それを手助けすることをしていただきたい。ただ、それはなかなか難しいところがあります。各人の内面での動きですから。

ひとつ役立つとすれば、この本に書かれている内容を被災された方が読まれ、体験の意味合いを理解するということでしょうか。どういう目的があって、こういう体験をしたのかわかれば、気づきが起こりやすくなると思います。

亡くなられた方々にわたしたちができることは？

わかりました。それでは、次に、亡くなった方々に対して、私たちにできることには何があるでしょうか？

それは、いくつもあります。

ひとつは、癒しのエネルギーを被災された方たちに送ることです。亡くなられた方だけでなく、生き残った方にも送ります。祈りもこれに含まれます。人の思いの力には、あなたがたが考える以上の効果があります。

特に、あなたがたのように肉体をもつ存在は、物質レベルにごく近い振動数のエネルギーを発します。それに対して、私たちのような高次の非物質の存在は、もっと高い振動数のエネルギーを発します。

亡くなった方たちは肉体を持っていないとはいえ、いまだに肉体レベルに近い振動数の領域にいます。

ですから、私たちがエネルギーを送っても、被災された方々には直接与えることが難しいのです。それに対して、あなたがたは、亡くなった人たちや生き残った人たちに近い振動数のエネルギーを発しますので、エネルギーを直接送ることができるのです。

人によっては、私たちの送る高次のエネルギーを低い振動数に落としてから発することができる人もいます。いわゆるヒーラーと呼ばれる人たちの一部です。彼らはいわばトランスデューサー（変換器）です。高い振動を低い振動に変換できるのです。

いずれにせよ、あなたがたは、亡くなった人たちと生き残った人たちに癒しのエネルギーを送ることができます。

具体的にどういう方法で送ったらいいのですか？

簡単な方法は、祈りです。いたわりの気持ちや温かい気持ちを彼らへ送るのです。

何らかの言葉を唱えることでもいいでしょう。自分が一番心を込めることができる文がいいので、自分なりの文を作られてもいいでしょう。あるいは、気にいった文をそのまま使ってもかまいません。肝心なことは、心を込めること。

あんまり長い文だと、ときどき雑念が入ることがあるのですが、いいんでしょうか？

そうですね。そういうことも実際に祈ったから気がついたわけですよね。雑念が入ってしまう自分なんだと、自分についての気づきを与えてくれたことに、まず感謝しましょう。そして、そういう自分を温かく受け入れてください。否定しないことです。

ありがとうございます。今の質問と同じことですが、心を込めてと言われてもなかなか心がこもらない場合は、まず、そういう自分に気づくということ。心がこもらない自分を受け入れるということですね。否定しないということ。

そのとおりです。祈りは簡単ですが、とてもパワフルな方法です。今言ったような個人的な気づきも与えてくれます。しかも、そういうある意味、中途半端な祈りでさえ、大きな効果があります。心がこもらないからといって、祈らないよりは、祈ったほうが、はるかにいいのです。

今世界中の人たちが日本のために祈ってくれています。そのパワーは被災地に、被災された方々に届いています。

なるほど。ちょっとほっとしました。どんな祈りもむだではないんですね。「どうせおれの安っぽい祈りなんて届きゃしないさ」と思う人もいるかもしれませんが、そういう人の祈りでも価値があるんですね。安心しました。

そうです。この逆に、自分は心を込めて祈っている、なんとすばらしい人間なんだ、とうぬぼれてる人もいます。うぬぼれている自分に気がつけば、さらにいいのですが、そういう人の祈りでも効果はあります。なので、どういう状態であれ、祈らないよりは、祈ることが、ベターです。

いろいろな意味で祈るということは奥が深いんですね。わかりました。実行します。

それから、ひとつ祈る際の注意点ですが、温かな思いを持って、それを送り届けるということを行なってください。悲しみや沈痛な思いは持たないように。それよりもポジティブな感情を送るようにしてください。

わかりました。それでは、祈ること以外に、他に何か、私たちが亡くなった方にできることはありますか?

あなたがたにできることの**二つ目は、レトリーバル(救出活動)**と呼ばれるものです。

フォーカス23から26と呼ばれる非物質領域に死後囚われた人たちをフォーカス27と

いう、より自由な領域へとお連れする活動です（註：フォーカス23から27について詳しくは解説をご覧ください）。

これはモンロー研究所のライフラインなどのプログラムに参加すると学ぶテクニックです。通常はモンロー研究所の開発したヘミシンクという音をヘッドフォンで聴き、意識を非物質領域へ移行させて、亡くなった人たちのいる領域へ行きます。

この活動は、向こうの世界の救出活動に携わる存在たちと共同で行ないます。彼らとあなたがた生きている人間がいっしょになって活動するのは、理由があります。亡くなった人には彼らのことが知覚できないのですが、あなたがた人間のことは知覚できるのです。それは、亡くなった方はまだ物質世界に意識を向けているので、生きている人は知覚しやすいのです。

今回の震災では、世界中の多くの人たちが震災直後から救出活動を行なっています。

モンロー研のライフラインに参加した世界中の人たちが、みなそれぞれ自主的に行なったり、あるいは、グループで行なったりしています。

それから、実は夜寝ている間に救出活動に参加している人が少なからずいます。モンロー研究所で学んだ人だけでなく、そうでない人たちも、活動に加わっています。それを夢として覚えている人も中にはいらっしゃるでしょう。

夢の中で車を運転していて、途中で人を拾ってどこかまで連れていった、こういう夢は救出活動である可能性が大いにあります。人は実際の体験を色付けして夢として見ています。ですから、救出活動そのものを夢で見ることはあまりありません。

寝ている間に救出活動を行ないたい人は、夜寝付く前に、「今晩、救出活動を行ないたいです」と唱えましょう。そうすれば、あなたを導く非物質の存在たちが、あなたを救出活動へと導いてくれるでしょう。あなたは特に準備をする必要はありません。救出活動は、それを行なう本人にとっても多くの学びの場を与えてくれます。救出活動をすることで、非物質世界での知覚が高まったり、死後世界の実在が確信できたりします。

それでは、他には何ができますか？

三つ目として、あるイメージを心に思い描くということができます。ここで、あるイメージとは、たとえば、被災された方々が幸せになって、ほほ笑んでいる様子とか、被災地全体を暖かな光が覆っているイメージとか、復興後のすばらしい街並みの様子など、そういった自分にとって、ポジティブなイメージを思い浮かべるのです。これは、祈りの際に行なってもいいですし、あるいは、ヘミシンクを学ばれた方の場合は、フォーカス12やフォーカス15というパワフルな意識状態で行なってもいいでしょう。

モンロー研究所では、こういうイメージングをパターン化と呼んでます。通常は自分の未来を設定する場合に使います。そのためのヘミシンクCDも市販されています。それを使ってイメージングをすれば、さらに効果的だと思います。ちょっと宣伝ぽくなりましたね。

亡くなられた方々の今後

亡くなられた方々は今後どういう道を進まれるのでしょうか?

今回亡くなられた方の多くは、そういう計画で来られていますので、死後、比較的スムーズにフォーカス27へ向かうことができます。

フォーカス27ではなく、フォーカス23からフォーカス26に囚われた方も、多くの手助けや癒しのエネルギーが来ていますので、それらを利用して、フォーカス27へ向かうことができるでしょう。


そこから先はどうなるのでしょうか？

その後は、各自それぞれに応じた次の生へ順次進まれることでしょう。

彼らの多くは、今回の体験で身を犠牲にして、みなの役に立ったということがあります。その行為の裏にある尊い思いは、彼らの振動数がすでにかなり高いところにあるということを示しています。そのため、今後は第4密度の世界へと進む可能性が高いでしょう。

それはアセンション後の地球かもしれませんし、別の星にある第4密度の生命系かもしれません。地球以外にも多くの生命系があり、さまざまな体験を可能としてくれます。宇宙にはそれこそ無数の星があります。

もうひとつのオプションとして、地球の非物質界のフォーカス27に残り、そこで他の人たちの手助けをするというものです。フォーカス27にはさまざまな機能があり、そこで手助けをする人たちが多数います。そこから、生きている人たちに奉仕することもできます。

いずれにせよ、みな胸躍らせて、次の探索の地へ旅立たれるか、新たな役割を始められることでしょう。

新しい経済システム

今回の震災の直接的な影響として、広域にわたり、電力、物資の不足、交通・通信網のマヒという事態になりました。中でも電力は原発事故の影響で、相当長期にわたり、不足することが予測されています。

この結果、限られた電力や物資をみなで分かち合うということが半ば強制的に行なわれることになりました。

実は、今のままの生活形態はエネルギーを消費しすぎ、自然環境を破壊することが多いため、地球にとって持続可能なものではないと以前から多くの人に警告されていました。

今回、強制的に電力消費を抑えるように仕向けられたわけですが、この省エネ的な生活形態は、あなたがたが向かうべき道なのです。

今後、以前のようにエネルギーを浪費する生活へ戻るのではなく、省エネで環境にやさしいスタイルへ転換するいい機会なのです。

これから、みなさんはいかにしたら電力消費を抑えながらも、経済活動を維持できるか必死に模索することになりますが、それはすばらしいことなのです。

それこそがアセンション後の新しい生き方です。

限りある資源を分かち合うこと、これを学ぶことから得るものは大きいのです。実はエネルギーは無限にあるのですが、今の段階では、分かち合うこと、他者を思いやることを学んでほしいものです。

こういう危機的な状況を作ることでしか、人類は、資源を分かち合うということを学ぼうとしないことは、人類が一番よく知っていました。だからこそ、今回の震災は人類自ら計画したとも言えます。

今、電力を分かち合わなければならなくなったわけですが、そのことで、みなが必死になって考えることになります。日本人はいざとなった場合に、本当に知恵を絞るのが得意です。きっとすばらしいアイデアがいくつも実用化されて、それが今後世界の模範となり、世界を引っ張っていくようになるでしょう。

節電のためにどういうアイデアが実現されればいいのか、個人的に少し考えてみました。

・現状では家電製品はコンセントにささっているだけで電力を消費するが、タップの一つひとつの差し込み口にセンサーを付け、使っていない差し込み口は、自動的に切れるようにする。

・各家庭当たりの一日当たり利用可能電力に最大値を設け、それを越えるとその家だけ停電する（あるいは料金が3倍になる）。

・ダイエットを兼ねた自家発電機（要するに発電機付きの自転車にのってペダルをこぐ）。国民全員が昼間30分やれば、かなりの発電量になる？

あんまりいいアイデアではありませんが、こういうことはみなでアイデアを出し合うことに意義があると思います。

そうです。知恵を絞ってください。

今回の震災の経済に対する影響は、単に電力を分かち合うだけでは終わってほしくないものです。価値観の転換という効果も期待したいところです。

これまでの経済は、金儲け至上主義的なところがありました。人を蹴落としても金が儲かればいい、多少環境に良くなくてもかまわない、そういう価値観が根底にはありました。

ところが、この震災は、分かち合いとか、思いやりということを学ぶ機会なのです。ですから、電力の分かち合いということをせっかく実施するのですから、そこからさらに一歩進んで、資源や人材、時間、労働、利益、不利益の分かち合いといったところへと踏み込んでいってほしいものです。

しばらくは経済は低調気味ですので、得られる利益も芳しくないわけです。中にはつぶれる会社も出てくるでしょう。

ですから、そういうときにこそ、思いやりの精神で、分かち合うことを実施してほしいのです。そのための具体的にどうするか、国民の知恵を絞る必要があるでしょう。

つぶれそうなところを救済するのですか?

そういう従来の発想も必要ですが、それだけでなく、もっとシステムを根本から変えるようなアイデアが必要です。

従来の資本主義の枠組みを越える必要が出てくるかもしれません。そこまで柔軟に考えないといけないところまで来ているということです。

ただし、社会主義のような国家管理、官僚管理になるというのではありません。それは非効率極まりない制度です。ここで必要とされているのは、従来にない画期的な経済システムです。分かち合いと、思いやりを基本とした経済システムです。

具体的な形については、試行錯誤を経て、次第に固まっていくでしょう。

みなさんにはそれだけの英知が備わっていますので、大丈夫です。意識の振動数が高まるにつれ、得られる情報も多くなってきます。みなさんの振動数が上昇するにつれ、新しいシステムの全容が次第に見えてくるでしょう。

具体的にどういう経済システムになるというところは教えていただけないのでしょうか？

みなさんが自ら編み出して行くところに学びがあり、価値があります。こちらからこれですと手渡しても、受け入れられないでしょう。準備ができていないからです。試行錯誤を続けていくうちに徐々に準備ができていき、それに伴い経済システムの形が完成されていくのです。

これは新しい考えや発明がなされるあらゆる場合に言えることです。フリーエネルギーについても同じです。こういうふうにすればいいのですよと、こちらからアイデアをぽんと手渡すことはできません。たとえそうしたとしても、アイデアをもらった人の準備ができていない段階では、アイデアそのものの意味が理解できないのと、たとえ理解できたとしても、それを実用化する段階で、人々の間での受け入れ準備ができていないので、結局実現できないのです。ですから、多くの人々の間であでもない、こうでもないと模索する期間がどうしても必要となってきます。

時間的余裕はあまりない

ただ、新しい経済システムについて言えば、そんなに時間的余裕があるわけではありません。というのは、今後世界の他の地域でも、今回の日本の震災と同じような災害が起こり、世界的に食料や物資が不足するという事態になっていきます。

そのため、さまざまなものを分かち合うということを基本にしたシステムを早急に立ち上げる必要が出てきます。国内のみならず国家間でもどう分かち合うのがいいのか、持てる国と持たざる国の間でどう分かち合うのか、英知を集めて考える必要があります。

初めから完璧なシステムである必要はまったくありません。

先ほど言いましたが、資本主義の枠組みを越えることが必要になってくるでしょう。そして、それが新しい経済システムの芽生えとなっていきます。

繰り返しますが、キーワードは、分かち合い、思いやりです。

これから世界のいくつかの地域で大災害が起こると言うと、みなさんは怯えるかもしれません。でも、けっして怖がらないでください。これは人類がアセンションするための手助けなのです。先ほどからお話ししているように、この機を活用するために人類の集合意識の上のほうと私たち地球意識が共同で計画しているものです。

恐れることは不要です。あなたの振動数が高ければ、災害を直接経験することはないでしょう。先ほどお話ししたように、自分で生まれる前に計画してきた人たちは例外ですが。

恐れずに、何が起こってもそれをポジティブに使うようにしてください。今後の大きく変化する時代をポジティブな思いと共に生きてください。

将来像

新しい経済システムがどうなるのかについて、具体的なところはお話しできませんが、今と将来で確実に変わることがひとつあります。それは働くときのみなさんの気持ちです。

今は、自分が生きていくための手段としての金を得るために働くという人がほとんどです。

ですから、あまり楽しまない人が大勢います。中には苦痛にさえ感じている人もいます。

それに対して、将来は、他人のために奉仕することが楽しいので働くというふうになります。

仕事の内容自体は今とそれほど大きく異ならないでしょう。でも、人々の気持ちが大きく変わるのです。

被災地の復興

今後の震災地の復興について、なにか助言はございますか？

復興と言うと、これまでと同じものを同じ土地に再建するという発想をする人が多いですが、それは避けたほうがいいでしょう。

まず、これだけの津波を堤防などで防ぐことは不可能です。今回のことでそれは明らかになったと思います。ですから、津波を防ぐという発想はしないほうがいいでしょう。

それよりも、自然の力を素直に認めることです。今回の教訓のひとつは、人類は自然の持つ力の前には無力に等しいということでしょう。

人類は自然を支配できると考えるようになってきていました。自然を自分たちの意向に従って作り変えたり、自然の力に対しては力で立ち向かうという発想です。

これは、近代西洋的な考え方ですが、日本やアジアの国々の人々も同じ考えを持つようになっていました。

ただ、本来、人は自然と共存すべき存在です。自然と共に生きるということを古来から日本人は行なってきたのですが、ここ何十年かは、それから外れ、西洋的な考え方を受け入れるようになっていました。

今、必要なことは、古来の考え方に戻ることです。自然の恩恵に感謝し、自然と共に生きるという考え方です。ただ、なにも太古の生活に戻れと言ってるのではありません。

もっと自然に対して敬意を払った考え方に改めたほうがいいと言っているのです。

自然と調和した生き方

母なる地球という言葉を聞いたことがあるでしょう。文字どおり、地球上に生息するすべての生命にとって地球は母なのです。赤ん坊が母の滋養で成長するように、あらゆる生命は地球の滋養を得て生育しています。これは物質的な意味においても、非物質的な意味においても言えることです。

物質的な意味というのは、明らかなように地球のすべての生命は地球の物質をいろいろな形で使っています。それがなければ、生命は存在しえません。人類にしても、肉体を作るすべての物質は、水分にしろ、たんぱく質にしろ、脂肪分にしろ、何らかの形で地球の物質を使っているわけです。そのことはおわかりでしょう。

非物質的な意味というのは、今の科学ではいまだ明らかにされていないことがらですが、すべての生命は、生命エネルギーという非物質のエネルギーを取り込むことで維持されています。これなしには、生き続けることはできません。

ここで非物質という言葉ですが、今科学で知られている物質や物質的なエネルギーではないという意味です。非物質は通常の物質とは相互作用が少ないので、これまで科学では知られてきませんでした。通常の物質を用いた測定機にはかかりにくいのです。

ただ、生物は物質からできていながら例外で、非物質のエネルギーを取り込み、物質的なエネルギーに変換することができます。ですから、生物を使えば、非物質エネルギーを物質エネルギーとして検出することが可能です。

話を戻します。

地球に住むすべての生命は地球から生命エネルギーを取り込んでいます。地球自体が非物質の生命エネルギーを常に放っているのです。

だから生命は、物質のみならず非物質のエネルギーをも地球から取り込むことで、生命を維持しています。

このように、地球上に生きているあらゆる生命にとって、地球は大いなる母なのです。命を支えてくれるありがたい存在なのです。

古代の人々はそのことをよく理解していましたので、母なる地球を敬い、大切に思いながら、生きていました。当時の人々は球体としての地球を知っていたわけではありませんでしたので、それは大地であり、山や海や川、そこに息吹くありとあらゆる生命であり、大自然そのものでした。

そして大自然のさまざまなものの声に耳を傾け、その声を聞き、会話をすることさえしていたのです。そうすることで大自然と、地球と太いつながりを持っていました。

映画『アバター』をご覧になりましたよね」

はい。すばらしい映画でした。とても感動しました。

あの映画では、その様子が実にうまく表現されています。自然のあらゆる生命に意識があり、それと交信できるのです。古代の人々は、そういうことを行ない、地球や大自然とつながり、彼らに感謝し、敬いの気持ちを持っていました。

ところが、人類はいつの間にか、このつながりを断ち切るようになりました。自分たちの自主独立ということでしょう。西洋で始まったこの考え方は、世界中に広まり、今や、古来の考え方は迷信の類という扱いを受けるに至っています。

近代西洋的な考え方は人類に物質的な豊かさをもたらしたことや、さまざまな病気から人類を解放したという意味で、大きな成果をもたらしました。なので、その意義を認めないわけではありません。その時代の人類にとって通るべき道筋だったとは言えるでしょう。

ただ、その延長線上をひたすら走り続けることはもうできないところまで来ています。近代西洋的な考え方はいくつもの成果を挙げた半面、弊害も大きいのです。それはすでに多くの人によって指摘されていることです。

危機を煽るつもりはありませんが、一例を挙げれば、自然環境の破壊が進み、地球全体としての生態系の調和が壊れ始めていて、修復不可能な状態になってきていることがあります。この状況は好ましいことではありません。というのは人類だけでなく、多くの生命がこれによる甚大な影響を受けることになります。すでに多数の生物種が絶滅、あるいは絶滅寸前にあります。地球規模での気候変動のために地域によっては、人類自身がこれまでのような暮らしができない状況に直面しています。たとえば、砂漠化や都市あるいは島の水没です。

もうひとつ、あまり言われないことですが、人類にとって危機的なことがあります。それは、人が地球とのつながりが薄れたことで、大地から生命エネルギーを取り込むことができにくくなっているということです。先に言いましたように、生命は地球から生命エネルギーを取り込むことで生命を維持しています。人類はその大切な地球とのつながりが非常に細くなっています。中には、つながりがほとんどない人さえいます。

さらに、食べ物からの生命エネルギーの取り込みも減ってきています。食べ物そのものにも生命エネルギーが蓄えられているのですが、最近の食べ物は科学的に合成されたものであったり、たとえ自然栽培されたものであっても、生命エネルギーの乏しいものが多くなっています。

たとえば、野菜は大地と空気中の養分を取り込み、太陽の光を浴びて成長します。そこには地球と太陽と宇宙からの生命エネルギーの取り込みもあります。

ところが最近の野菜は十分に日の光を浴びていなかったり、大地に根をしっかりと張って地球につながっていなかったり、化学肥料が使われていたりして、生命エネルギーの取り込みが少ないものが多く見られます。

従って、大地とのつながりが薄くなっている上に、さらに、そういうものばかりを食べている人が多いので、多くの人は生命エネルギー不足に陥っています。

これはゆゆしき事態です。こういう状態が長く続くと、肉体だけでなく精神的にも感情的にも影響が出てきます。

直接日光を浴びる、森林浴をする、大自然の中へ出かける、海で泳ぐ、といったことを心がけることで、少しでも生命エネルギーを取り込む努力をするといいでしょう。

太古の人たちは、大自然のさまざまなものと語り合っていたと先ほどお話ししました。そのことについて、もう少し話しましょう。

自然のあらゆるものに意識があります。そして、場合によっては、彼らの意識を感じたり、交信することも可能です。交信は言語を用いた会話の場合もありますが、ほとんどの場合は、非言語、つまり、言葉にはならない形をとります。相手の言わんとしていることが、感覚的にわかるという形です。その意味をとらえて言葉に翻訳したり、絵や歌や曲に表現するということは可能です。

たとえば、ふと庭に咲いた花に目が行くと、花がみなニコニコ微笑んでいた、喜びいっぱいに輝いていた、その頬笑みで心から癒された、ありがとうと言うと、また微笑み返してきた。こういう体験をしたことはありませんか？
少し想像力をたくましくするといいかもしれません。

はい、何度かあります。私の家内は、庭木を剪定するときに木と会話するようです。「木がここを切ってって言うので、それに従えばいいのよ」と、言うんですね。「木が暑そうだから、涼しくしてあげた」とかよく言ってます。
そうです。そういうふうに木の心を感じてあげるといいですね。

それが本当の「きごころを知る」ですね。
はい。そういうことです。同じように犬や猫、ペットとも会話できます。

私の知ってる人に猫と会話する人がいます。本人がほとんど猫みたいな人なんですが、街を歩くと見知らぬ猫がすり寄ってくるそうです。猫語がわかるのが猫にもわかるようですね。

無意識下での会話というものもあります。そこですでにわかりあうわけです。そういうふうに身近にある生き物の気持ちがわかるようになると、次第に、山とか風、溶岩といった生物ではないものとも交信できるようになります。こういう存在も生命体に違いはありませんから意識を持っているのです。

はい、その辺は私の得意分野です。屋久島とハワイに行ったときに、山や火山、溶岩と交信しました。山の場合は、山そのものと、山に宿る生命体たちと別にいるようでした。それから太陽と交信したこともあります。

いずれにせよ、あなたがた人類もこれから大自然とのつながりを取り戻す方向へ進んでいくことになるでしょう。さまざまな生命体がこの地上に息づいていることを知り、交信できるようになってきます。

そこには、これまでとは、まったく違う世界が広がっています。地上には生命エネルギーがあふれ、それがいくつもの異なる形態をもって表出していることも直感するようになるでしょう。命の輝きと、大切さ、喜びを知るようになります。地上はきらきらと輝くばかりの命にあふれていることがわかるようになるでしょう。

復興の話し（つづき）

ここで被災地の復興の話に戻りたいと思います。もう少し具体的なところをお聞かせ願えますか？

具体的な話としては、災害で壊滅した町を同じ場所に再建するのではなく、今回の津波の被害がなかったところに新たに一から作るほうがいいでしょう。たとえば高台です。あるいは、内陸部の川沿いではない地域です。漁村については、漁港は当然海岸に作りますが、住居や関連施設は高台に作ります。不便かもしれませんが、仕方がありません。

先ほど言いましたが、自然の力に対抗するという発想は止めたほうがいいでしょう。それから、せっかく町全体を一から作るのですから、他の地域のモデルになるような街づくりをすべきでしょう。それは、さまざまな意味で、分かち合い、助け合い、自然との調和が基本構想となる街です。新たに生まれてくる経済システムの発想と歩調を合わせたものとなるでしょう。

ひとつヒントとして挙げれば、あなたがたはこれまで必要以上の物を消費することで成り立つ経済システムを作っていました。消費の拡大が生産の拡大、富の拡大を生み出し、それがより多くの人に富を分配し、さらなる消費の拡大を生むというシステムです。

これはこれでうまくできたシステムで、より多くの人が物資的な豊かさを享受できるというメリットがあります。

ただ問題は、資源には限りがあるので、いつまでも永遠に成長することは無理だという点です。つまり維持できないのです。

また、消費や生産の拡大ばかりに目が行くと、環境へは目が行きにくくなり、環境破壊が進みやすいという点です。環境破壊が進めば、いずれこの星には住めなくなります。

このように、どちらの理由からも、この経済システムは持続不可能なのです。

どこか持続可能なレベルで止まって、成長はあきらめ、そのレベルを維持するというのはだめですか？

おそらく難しいでしょう。現に新興国と言われる国々がどんどん発展し、消費が加速度的に増える方向に進んでいます。現状維持だと、すでに生活水準の高い国はいいですが、発展途上国がうんと言わないでしょう。彼らにも同じ水準まで上がる権利はあるでしょう。すべての国が今の日本と同じレベルまで上がると、どうなるでしょうか。とてもそういうレベルは維持できません。何かを根本から変えなければならないのです。

それは理解できます。

考えていただきたいのは、日本人が一人当たり消費しているのと同じだけの量を、世界中のみなに配ることはできないということです。ですから、量的には、日本人の一人当たり消費する量は減らさざるをえないのです。

しかも、今後、世界の他の地域でも災害が増えていきますので、生産される食糧や物資の絶対量も減ってきます。そういうことから、基本的な生活物資については配給制になるということも視野に入れる必要が出てきます。

ただ、ここで重要な点は、これは何も社会主義のような国家管理の制度になるということではないということです。初めに言いましたが、分かち合いと思いやりの精神が大切なのです。

ゆくゆくは、人のためになることが自分の喜びでもある、という意識状態にみながなっていきます。これはアセンション後の世界の話ですが、そこへ移行していくまでは、震災のような危機的な状況を経験することが、そういう意識を体験する機会を与えてくれます。

今回の震災でも多くの方が、人によっては短い期間であったかもしれませんが、人のために何かしたいという気持ちに心の底からなったと思います。それが大切なことなのです。

この気持ちを思い出すようにしてください。この気持ちこそ、アセンション後の意識なのです。

今後の経済システムですが、このように生活物資や資源をみなで分かち合う、それも喜んで分かち合うということが基本になってきます。配給というと、戦前戦後の困窮時代を思い起こす方もいらっしゃるかもしれません。ですから、言葉は変えたほうがいいでしょうね。

分かち合いという言葉でいいんじゃないでしょうか。響きがいいです。

そうですね、どういう言葉になるかというと、最適な言葉が自然に生まれてくるでしょう。今回の震災をきっかけにして、一人ひとりが今一度、何が絶対に必要なものか、何は必要でないかを見極めるといいのではないでしょうか。必要な物を必要なだけ持つという、シンプルなライフスタイルの良さが見直されるべきでしょう。

今後、世界の他の地域でも災害が起こる？

先ほど、今後世界の他の地域でも地震や火山の噴火があるということをおっしゃってましたが、具体的にはいつどこでですか？

あまり具体的な話はしないほうがいいのです。なぜなら、あらかじめ言ってしまうと、それによって本来そこにいるべき人が、別の場所へ移ってしまう可能性があります。

顕在意識と深い意識とで考えていることが異なるために、そういうことが起こるのですが、それは避けたいです。

今後起こる大規模災害のたびに、人類全体としての意識は高められていきます。それは今回の震災がそうであったように、より多くの人に気づきを促すからです。思いやりの輪、支援の輪は広がっていくでしょう。

これまでと同じような価値観、生活スタイルを維持しようとする人にとっては苦しい時代になりますが、そうではなく、それから離れ、新たに生まれてくるものに移行しようとする人にとっては、ワクワクする時代になるでしょう。

人はともすればこれまでの生活スタイルにしがみつこうとしがちですが、それだと、苦しみばかりが増えるということですね。

わかりました。頭を切り替えるようにします。

これから起こる災害には三つの異なる種類があります。

ひとつは今回の東日本大震災のように、人類の集合意識の中の高い意識レベルの存在たちと私たち地球意識たちが相談し、合意の下に計画的に起こすものです。多くの人たちがその機会を活用することを計画して生まれてきています。

二つ目は、地球が第3密度から第4密度は移行する際に、物質的、非物質的な大変化が必要なために起こるものです。これは特に利用しようという大規模な計画はありません。

三つ目は、地域の住民のネガティブな感情が強く、災害を引き寄せる場合です。ネガティブな思いは、ネガティブな事象を招き寄せます。エネルギーの振動数が一致して、共鳴を起こすのです。

アトランティスの最後の段階も、アトランティス人が相当ネガティブな思いを持つようになったため、最終的に隕石の落下という事象を引き寄せました。その結果、アトランティスは海中に没し、滅亡しました。

それと同じように、地球上の地域によっては、住民の間に相当のネガティブな感情がうっ積していて、それが大災害を引き寄せるのです。
ただし、他のところでも説明しているように、今回の震災は、人類の上の方の意識と地球意識が相談して起こしているので、今回震災に遭われた地域住民の感情とは関係ありません。

隕石のように天から降ってくるものは、文字どおり引き寄せているという気がしますが、地震や火山の噴火もそうなんですか？

地震のエネルギーが十分蓄えられていていつ地震が起こってもおかしくないという状況にあるときに、その地域の住人のネガティブな意識が最後のひと押しをします。
地震のエネルギーを蓄えるのは自然の力であって、それは人の思いとは関係ありません。火山の噴火についても同様のことが言えます。

英語で、The last straw（最後のわら一本）という表現がありますが、それと同じですね。ラクダの背なかに荷物を積んでいって、もうこれ以上積めないとなったときに、ワラ一本乗せたために、ラクダの背骨が折れたということわざです。ぎりぎりまで来てるときには、ほんのちょっとのことが引き金になるということを表しています。日本語でも、「私は彼の一言で切れちゃった」なんていいますが、同じ意味合いです。

ところで、地域の住民のネガティブな思いって、具体的にはどういう思いなんですか？

不安、抑圧された思い、不平不満、悲しみ、苦しみ、怒り、憎しみ、恨み、愚痴。あるいは絶望、無念、閉塞感。ざっと挙げるとこういうことでしょうか。

いずれにせよ、今後世界のさまざまな地域で災害が起こってきます。その場所や時期については、先ほど言った理由で明言は避けます。

ひとつ言えることは、こういった一連の大災害の結果、世界的な食糧不足、物資不足、エネルギー不足が起こる可能性が高いということです。それによって、日本だけでなく、世界レベルで、分かち合うということを、半ば強制的に体験させられるようになります。それによって新たな経済システムを考えざるをえなくなるのです。

何度も言うように、これはみなさんにとって大きなチャンスなのです。

みなさんは恐れる必要はまったくありません。ポジティブに受け止め、その機会をポジティブに活用するようにしてください。

民主化運動の活発化

今、アラブの多くの国で民主化の大きなが動きが続いていますが、この背景のひとつには食料品など日常物価の急激な上昇があります。もちろん、インターネットや携帯電話などで情報が世界中に瞬時に伝わるということも大きな原動力にはなっています。

今後世界のいくつかの地域での一連の大災害による食料や物資の深刻な不足により、民主化運動はその他の国々にも飛び火していくでしょう。

特に極端な格差が広がった中国で、今、住宅バブル、経済バブルは、いつはじけてもおかしくない危機的な状態にあります。一連の大災害の余波で、バブルがはじける確率がきわめて高く、大混乱は避けられないでしょう。

そこから、民衆蜂起、さらには、共産党の崩壊、民主化という流れに進んでいく可能性が高いでしょう。

世界経済をけん引する中国での混乱は、世界経済に対する絶大な影響を及ぼすことは必至で、日本もその影響をまともに食らうことになります。

日本にとっては、震災によるダメージにさらなる追い打ちがかかることになります。

ただし、これも新しい経済システムへの移行を早める効果があると割り切ったほうが正解です。

何度も言いますが、破綻する古いシステムに固執するのではなく、生まれてくる新しいシステムにいち早く乗っていくことを心がけてください。

ネガティブ地球

こういう大災害の結果、多くの人がネガティブな思いに囚われてしまうという可能性はないのですか?

地域によって違うと言えます。今回の日本の場合は、前に言いましたが、多くの方がこの機会を利用して、気づきを得ようとして、生まれてきています。そのため、多くの方がその目的を達していくでしょう。

その結果として、いつまでも悲しみや恐れ、苦しみといったネガティブな感情に囚われ続ける人はごく少数となるはずです。

もちろん、地球での生命体験の面白いところでもあるのですが、生まれる前に立てた計画どおりに実際行くとは限らないところがあります。その意味で地球人間体験は「賭け」の要素はあります。

計画では、この機会を使って気づきを得るはずだったのが、実際はそうではなく、悲しみの中に埋没してしまった、となるケースも若干はあるでしょう。ただ、いずれはその中から脱することができるのです。

地域の住民のネガティブな思いが震災を引き寄せる場合は、もっといくつもの可能性があります。ネガティブな思いの中に囚われてしまう人の数はもっと多くなるでしょう。それがさらなるネガティブな事象を引き寄せる原因になり、その地域の人たちは急速にネガティブになっていきます。

そこで引き寄せるネガティブな事象とは、具体的にどういうものですか？　新たな天変地異ということでしょうか？

そういうものも含みますが、それだけでなく、たとえば、独裁者が現れてきて、国民の大きな支持を得ていく。その結果、独裁国家になり、言論思想統制、軍備拡張という道をひた走るようになるということもあります。

どこかで聞いたことのある話しですね。戦前のドイツがそうでした。

パラレル地球という話を聞かれてますよね。

はい。バシャールという地球外生命体が、そういうことを言っています。詳しくは拙著『バシャール×坂本政道』（VOICE）に書かれていますが、いくつもの地球が並存しているという考えです。それらの地球には微妙に異なるものから、まったく異なるものまで無限個あります。みな振動数が異なり、別次元に存在しています。

私たちはみなそれぞれ、各自の振動数に一致したその中のひとつの地球を体験していますす。ただ、今の段階では、人類のほとんどは同じ一つの地球を体験していますが、今後、徐々にポジティブな地球か、ネガティブな地球のどちらかを体験するようになるとバシャールは言っています。

ポジティブな地球がアセンションした地球です。ネガティブな地球は、ディセンションした地球ということになります（ディセンションとはアセンションの反対で、下降という意味）。

ネガティブな地球では、各国が帝国化して覇権を争うようになると言われています。

先ほどの続きですが、ある地域の人たちは急速にネガティブになっていくということは、そこの人たちはあなたがたとは異なる、別の地球を体験し始めるということです。それがさらにネガティブになっていく結果、バシャールの言うところのネガティブ地球を体験するようになるのです。


なるほど。

もちろんその地球にはさまざまな地域の人たちが生きているのですが、ポジティブな地球とはまったく異なる世界です。そこは不安、苦しみ、恐怖、悲しみ、憎しみ、恨みといったネガティブな感情が支配的な世界です。北朝鮮のような国がいくつもあり、互いに争っていると考えるとわかりやすいでしょう。

そういう世界には行きたくないですね。

すべての人の今後は

今地上で生きている人たちも今後１００年の間にはほぼ全員死ぬわけですが、死後どのような生へと進むのでしょうか？

生きている間にアセンションを体験する人もいるでしょうし、ネガティブな地球へと移る人もいるでしょう。あるいは、そういうことが起こる前に亡くなる人もいます。

まず、生きている間にアセンションを体験した人は死後、アセンションした地球へ生まれ変わることも、別の第４密度の星に生まれ変わることもありえます。

ネガティブな地球へ移った人は死後、またネガティブな地球に生まれ変わることも、別のネガティブな星に生まれ変わることもありえます。

そういうことの起こる前に亡くなった人は、死後、これまでの地球と同じようなレベルの地球はもう存在しないので、いくつかの可能性が出てきます。

ひとつは、過去の地球に生まれるということです。死後は、時間を越えることが可能ですので、そういうことも可能になるのです。

あるいは、地球以外の星で、レベルのちょうど見合ったところへ移るという可能性もあります。地球以外にも生命の住む星は無数にあります。

もうひとつの可能性として、死後世界のフォーカス27という領域に留まり、人の手助けをするというのがあります。手助けをとおして、気づきを得、いずれはアセンションを遂げるのです。

ネガティブな体験にも価値がある

ここで勘違いしてほしくないのですが、ネガティブな地球へ移ることは、けっして落第したとかではないということです。ネガティブ＝悪ではありません。

ネガティブな体験にも価値があるのです。それをするために人はわざわざ地球生命系へやってきて、何回も人生を体験してきたのです。

今生きている人の中には、これまでに何百回と人間の生を経験してきた人もいれば、今回が初めての人もいます。

何百回も体験した人はおそらくありとあらゆるパターンの人生を体験しつくしていることでしょう。そして、ネガティブもポジティブも十分すぎるほど体験していると思います。

ですから、これ以上体験する必要はないだろうと考えられますので、今回を最後に、他の生命系へ移っていく可能性が高いと思います。

それに対して、今回が初めての人間体験の人の場合は、その人の興味にもよりますが、さらに深くネガティブな側面を体験したいと思われるかもしれません。その場合は、ネガティブ地球へと移り、そこでその意図を達成するのです。

体験が気づきを与えてくれるのです。だから、多くの生命体が体験を求めて、いくつもの生命系を渡り歩いています。あなたがたも、そういう形で地球へとやってきたのですが、その前に他の星をいくつも体験してきています。

たとえば、シリウスやプレアデス星団、ケンタウルス座アルファ、アルクトゥルス、オリオン座の星々、こと座の星、と言ったところでしょう。

こういった星々で数え切れないほどの生を体験してきています。それぞれの生が一人ひとりに貴重な体験を与えてくれています。どの体験も価値がある貴重なもので、それらに優劣を付けることは無意味です。


わかりました。


大切なことはネガティブな体験を否定するのではありません。人はともすれば、つらい体験や悲しい体験、苦しい体験、自分が加害者だった体験など、ネガティブな体験にふたをして見て見ぬふりをしがちです。場合によっては記憶から抹消してしまうこともあります。

そうするのではなく、しっかりと受け止めて、温かな心で受け入れてあげることです。そうすることこそ貴重な体験なのです。そうすると、自分の中に取り戻すことができ、すべての体験を統合することができるのです。

アセンションとは、自分の中にあるネガティブな体験や感情をやさしく受け入れ、さらにはその元にある信念を変えていくことで達成できるのです。

自分の中を縦に走るエネルギーの管（プラーナ管）の話を前にしました。そこに地球と宇宙から生命エネルギーをたくさん取り込むことで、感情を安定化できるのだという話もしました。

こういうふうにエネルギーを取り込んだ状態になると、ネガティブな体験を受け入れやすくなります。だから、生命エネルギーを取り込むエクササイズを行なうことはアセンションにとって、とても重要だと言えるでしょう。

信念を変える

ここでアセンションするには、信念を変えることが必要だということについて話しましょう。

人類は今、第3密度と呼ばれる段階にいて、これから第4密度へと移行（上昇）していきます。この上昇を英語でアセンションと言います。

人類が今、第3密度にいて、第4密度にいないのは、ひとえに、あなたがたが第3密度的な信念を持っているからと言っていいでしょう。それが手放せれば、それから自由になれば、第4密度へと移行することができます。

それはちょうど、海の中にいて、体にたくさんの重石をつけているようなものです。重石のために海底にいるのですが、重石をすべて手放せば、軽くなって水面へと浮かぶことができるのです。

重石に当たるのが、信念です。あなたがたがこの地球生命系で生きてきたために身に付けた価値観や考え方、固定観念と言い換えていいでしょう。

ある意味、それにがんじがらめに縛られていると言えるかもしれません。


具体的に言うと、どういう信念があるのですか？

たとえば、「自分は死んだら終わりだ」とか、「自分は安全ではない」とか、「物は十分にはない」です。これら以外にも、社会的、文化的に知らず知らずのうちに身についた信念が山ほどあります。たとえば、「働かざる者食うべからず」とか、「正直者は馬鹿を見る」とか、「金がすべてだ」です。

このうち後者の社会的、文化的に身についた信念は、頭での理解だけで比較的変えやすいのに対し、前者のより根本的な信念は、理解だけでは変えづらいところがあります。

自分にどういう信念があるのか知るにはどうしたらいいでしょうか?

それは自分の体験する現実を観察することです。自分の現実は、自分の信念がそのまま反映されたものですから。

日々の生活の中でネガティブな体験をした場合に、その元にはどういう信念があるのか考えてみるのです。そうすることで、変えられる信念を変え、手放していい信念を手放していきます。

もちろん、中には、とても変えられそうにないものもあります。心の底から信じているような信念です。それらは深い信念と呼んでいいでしょう。先ほど挙げた根本的な信念です。

そういう信念はどうすれば変えられるのですか?

それについては後でお話ししますが、生命エネルギーを取り込むエクササイズを続けていくことで、それらからも自由になることができます。

感情も選択している

人は日々さまざまな体験をしますが、それは外界の出来事に反応して、感情を持ち、行動する、ということです。その一連の反応を体験と呼ぶわけです。

ここで、出来事それ自体は空です。つまり、それ自体に初めからそなわった意味はありません。

○それに自分の持つ信念が意味づけをします。

信念とは成長してくる間に身に付けた考え方、価値観で、意識しているものも無意識下に潜むものもあります。この人生だけでなく、他のいくつもの生で身に付いたものもあります。

○次に、信念による意味づけが、あなたがどういう感情を持つのかを決めます。

○さらに、その感情が次にどういう行動をとるかを決めます。

これを見てわかるように、自分の意識的、無意識的な信念の選択が、感情を決めているということになります。つまり、感情といえども自分で選択しているのです。

ということは、自分の信念を変えれば、意味付けも変わり、感情も変わり、行動も変わるということです。

逆に言えば、自分の行動と、その元にある感情を見ることで、元にある意味付けと、さらに、その元にある信念について考えを、明らかにすることができます。

だから、自分にとって好ましい感情を持つようにするには、意味づけと信念を好ましい感情に見合うように変えればいいということになります。

ただし、そこに移る前にひとつすることがあります。それは、まず自分の持った感情を否定したり、抑え込んだりせず、そのまま受け入れるということです。

たとえば、怒ってしまったとしましょう。その場合、そういう感情をまずは十分に認めてあげます。自分は怒っているんだと。すると、不思議なことに少し冷静さを取り戻します。

そしてその後で、分析をします。

例を挙げましょう。

Aさんは家族を亡くして悲しまれているとします。

この場合、出来事は、家族を亡くしたということです。それに対して、悲しいという感情を持っています。

まず大切なことは、悲しんでいる自分をそのまま認めてあげることです。自分は悲しいんだと。ここに時間をかけてください。

そして、十分認めてあげたら、分析してみます。その感情の元にはどういう意味付けがあるだろうか、どういう信念があるのだろうかと。わかりますか?

はい。「死は永遠の別れである」という信念があり、「別れとは悲しいものである」という意味付けがあると思います。

そうですね。それでは、悲しい感情を好ましい感情に変えるにはどうすればいいでしょう?

それは、信念を変えるということですね。「死は永遠の別れである」という信念を、「死は永遠の別れではない」というふうに。

実は、ここら辺の話はモンロー研究所の得意分野です。ヘミシンクを使うことで、「自分は肉体を超える存在である」ということ、「命は永遠である」ということを自分の体験をとおして、知ることができます。

人に言われて、そうなのかと理解するのとは違います。それでは、信念や価値観はなかなか変わらないものです。ヘミシンクのすばらしい点は、自分で体験できるということにあります。

体験をとおして「命は永遠である」ということ、「死は永遠の別れではない」ことを知ることができます。

そして、亡くなった愛する人に会うことができるのです。これまでに多くの方が、ヘミシンクを聴くことで、亡くなった家族や知人に実際に会っています。

そうですね。「死は永遠の別れである」という信念を変えれば、あるいは、「死は永遠の別れである」という信念が変われば、「別れとは悲しいものである」という意味づけは、意味を失います。そうすれば、悲しみもなくなるでしょう。

ここで取り上げたのは、かなり深い信念の例ですが、信念には浅く信じているものから、深く信じているものまでさまざまです。浅い信念を変えるのは、さほど難しいものではありません。頭で理解することで変えることができるでしょう。

それに対して、心の底深くから信じていることは、そう簡単にはひるがえりません。いい例が、ここに挙げた、「死は永遠の別れである」という信念でしょう。

これは、「人は死んだら終わりだ」という信念とほぼ同じものです。

世の中のほとんどの人はこう信じていますね。死後は無だと思っている人ばかりです。この信念を覆すには、自分で死後を体験するしかない、それを可能にするのがヘミシンクなんですね。

話を戻しましょう。感情を好ましいものに変えるには、意味付けとその元にある信念とを変えなければならないということを話してきました。

ここに挙げた、家族を亡くして悲しまれている方の例では、「死は永遠の別れである」という信念を、「死は永遠の別れではない」というふうに変えれば、悲しみも消えるわけです。

そのためにはヘミシンクを聴くのが最適だと言いたいですね。

我が満たされるということ

はい。それでは、別の例を挙げましょう。

Bさんは C さんに非難されて、ムカッとしたとしましょう。

この場合、出来事は、C さんに非難されたということ、それに対する感情は、怒りです。

先ほどと同じように、まずは、怒ってる自分をそのまま受け入れます。やさしく認めてあげましょう。

そして、十分認めてあげたら、分析します。この感情の元にはどういう意味付けがあるだろうか、どういう信念があるのだろうかと。わかりますか？

その前に、Cさんに非難されたということですが、客観的な事実は、Cさんが間違いを指摘した、ということではないでしょうか。それを、Bさんの色眼鏡をとおして見たために、非難されたとなったと思います。ですから、ここには、すでに信念とそれによる意味づけが行なわれていると思います。

はい、そのとおりです。それでは、まず最初の段階には、どういう信念と意味づけが元にはあるでしょうか？

おそらく、BさんはCさんがBさんのことを批判的な目で見ていると常々思っていたのではないでしょうか。つまり、信念は、CさんはBさんを批判的な目で見る、で、その意味づけは、だから、今回も非難した、ということになると思います。

それでは、非難されたという出来事から、どういう信念と意味づけが、怒るという感情を生み出したと思いますか？

「自分は正しい」という信念があると思いますが、ただ、自分が間違ってると知ってても、非難されると頭に来ます。だから、自分が正しいとか正しくないということというよりは、自分のプライドとか、エゴ（我）が満たされているかどうか、だと思います。

「我」は常に満足を求めていて、満足したいという強い欲求を持っています。

その欲を邪魔されたので、怒ったのです。

なので、この場合は、信念と意味づけという枠組みで説明するよりは、「我が満たされたい」という強い欲求と、「その欲求が邪魔された」という意味づけ、というふうに考えたほうがわかりやすいのではないでしょうか？

信念ではなく、欲だと。

はい。我を満たしたいという欲です。

「我が満たされたい」と思う裏には、「我は満たされなければならない」という信念はないですか？

確かに。そう言えなくもないですね。

ということは、この人が怒ったのは、「我は満たされなければならない」という信念があって、さらに、「その欲求が邪魔された」という意味づけがなされたために、怒ったということになります。

それでいいでしょう。

それでは、怒りを好ましい感情に変えるには、信念や意味づけをどう変えればいいでしょうか?

意味づけを、「その欲求は邪魔されていない」と変えることができるのなら、それで怒りはなくなると思います。この場合、「我は満たされなければならない」という信念を変えることは難しいのではないでしょうか。

というのは、この信念は、私たちが地球生命系でこれまで生き抜いてきた結果として身に付いているものですから。前に言われていた深い信念に当たると思います。

そうですね。

それでは、ここで、この同じことがらを別の角度から見てみましょう。

あなたは幸せな、満ち足りた気分のときは少々嫌なことがあっても、さほど怒らないですよね。それがイライラしているような、不幸せな気分のときは、どうですか。同じことが起こっても、ものすごく怒ったりしますよね。

はい、そうです。そのときの気分で、同じ出来事でも、自分の感情は異なります。

先ほどの信念が感情を生み出すメカニズムで言うと、どこがどう変わるからだと思いますか?

確かに、どこが変わるのでしょうか。

気分によって信念が変わるのでしょうか、それとも、意味づけが変わるのでしょうか?

実際の場合を想定して、自分の気持ちを分析してみます。

先ほどの例で言えば、幸せな気分のときは、「我が満たされている」と思います。なので、

「その欲求は邪魔されていない」と思うので、怒りません。
それが、不幸せな気分のときは、「我は満たされていない」感覚があり、「我は満たされな
ければならない」という信念が生じ、「その欲求は邪魔された」と思うので、怒るのです。
そういうことなのでしょうか？

そういうことです。幸せな気分の状態というのは、自分が安定していて、自我が満足
している状態です。ですから、「我は満たされなければならない」という信念は表に
出てきません。そういう状態ですので、Cさんが少々批判的なことを言っても、「我
を満たしたいという欲求が邪魔された」とは見なさないのです。
それに対して、不幸せな気分のときは、自分は安定を欠き、自我は満足していません。
ですから、「我は満たされなければならない」という信念が生じ、「我を満たしたいと
いう欲求が邪魔された」と思うので、怒るのです。
ここで重要なことは、幸せな気分か不幸せな気分か、ということが、信念自体が表に
出るか出ないかということを左右し、さらに信念の意味づけを左右し、その結果、感
情を大きく左右するのです。
つまり、我が満たされているかどうかが、感情に大きく影響するのです。

前に生命エネルギーを取り込むエクササイズを紹介しましたが、生命エネルギーは癒しのエネルギーであり、愛にあふれています。それをプラーナ管へ、さらにハートへあふれんばかり取り込むとどうなるかと言うと、非常に満たされた、安定した幸せな気分になります。つまり、我が十分に満たされた状態になります。

だから、少々のことが起こっても、感情が乱されることはないのです。

多くの生命エネルギーをプラーナ管に取り入れることがどうして重要なのか、おわかりいただけたでしょうか？


え！　え！　ちょっと待ってください。我が十分に満たされるのですか？

何か間違ってませんか？　アセンションすることって、我を超えて、みなとつながることじゃないんですか？　我が十分に満たされちゃっていいんですか？

そこに大いなる誤解があります。多くの人がそういう誤解をしています。でも、考えてみてください。自分が完ぺきに満たされなくて、どうして他の人のことを心から思うことができるでしょうか？

でも、前に、今回の震災で亡くなった方は、自己を犠牲にして亡くなった、とても貴い行ないをされたんだとおっしゃってましたよね。それは、我欲を捨てる行為だから尊いんじゃないんですか?

おっしゃることはわかります。学びにはいろいろな道があるのです。彼らは自己を犠牲にするということを通して学んだということです。でも、彼らも最終的には、我を満たすということを行なうのです。

いいですか。プラーナ管に生命エネルギーを取り込んでいくと、我が十分に満たされた状態になると言いましたが、この段階で、自分ひとりが生命エネルギーの源に抱かれているという感覚を得ます。これはとても個人的な体験です。自分ひとりのために、この源は存在していたんだと、思えるほどです。我が満たされるという表現が誤解を招きますが、あなたが心底満足するという意味です。自己中心的な意味での我が満たされるという意味ではありません。その辺は誤解しないようにしてください。人は、だれかに認められたいという、強い欲求を常に持っています。それが、十二分に満たされるのです。ありのままの自分がそのまま100%受け入れられるのです。

自分がそのままでいいんですか？

はい、いいんです。

でも、先ほど、信念を変えなければいけないと言いましたよね。それと矛盾するんじゃないですか？　そのままでいいなら、信念を変える必要はないのでは？

いいところを突いてきますね。ここはもう少し説明が必要ですね。

そのままとは、無条件ということです。自分が無条件で受け入れられるということは、そのまま１００％受け入れられるということですが、その瞬間に、気づきを得て、変わるべき信念はすべて変わってしまうのです。

さまざまな信念を持ったままの自分が無条件に受け入れられるのですが、受け入れられた瞬間に多くのことを悟り、悟ったことと矛盾する信念はすべて消え去るのです。

なるほど。でも、それなら、なにも苦労して、その前に信念を変える努力をする必要はないんじゃないでしょうか？　そういう体験で全部変わるのなら。

おっしゃることはわかります。ただし、この無条件に受け入れられるという体験をするには、その前に、変えられる信念はできるだけ変えるという努力をする必要があるのです。

なぜですか？

これには双方向からの努力が必要なのです。自分としてできることをやるのと、「すべての源」の側からの手助けと、両方が必要なのです。ちょうどトンネルを両方から掘っていって真ん中で握手するようなものです。

わかりました。いずれにせよ、自分が無条件に受け入れられた状態は、幸せの極みですね。

そうです。これ以上の幸福はないです。

そういう状態だから、すごくゆとりが出てくるので、他の人を心から思いやったり、手助けをしたり、分かち合ったりできるし、感情的にも安定してるんですね。

何かすごくすっきりしました。

この状態になると、自分が創造的なエネルギーが現れ出たものであるということも直感します。そして、この世のあらゆるものが、同様に創造的なエネルギーの現れだということもわかります。

つまり、すべては同根だということですか？

はい、そうです。そして、それぞれが、喜びのエネルギーをそれぞれの仕方で表しているとも感じられるのです。みなニコニコしながら輝いているのです。それはまた大自然、宇宙との一体感という言い方もできるでしょう。

罪悪感はどうすればいいのか

今回の震災で、命を救えなかったとか、ああしておけばよかったとか、罪悪感や後悔の念を持ち、自分を責めてしまう人も多いと思います。そういう、ある意味ネガティブな思いは、どうすればいいのでしょうか？

まず、一般論として罪悪感、後悔について考えてみてください。

え！　私が考えるんですか？

そうです。分析しながら考えていくのは、あなたにとっても学びの一環となります。

それでは、次のケースを考えてみてください。

Ａさんが誰かと口論の末、怒ってその人を殺してしまったというケースです。この場合、Ａさんは自分の殺人行為について罪悪感を持ち、後悔しているとします。

そうですね……Ａさんにとって重要なことは、ここから学びを得て、本人が変わるということです。もう二度とこういう行ないはしないと心に決めるということです。この体験をポジティブに活かすのです。

この行為を覚えていて、反省し、常に自分を戒める糧にすることは大切です。

だからと言って、いつまでも罪悪感や後悔の念を持ち、自分を責め続ける必要はないんじゃないでしょうか。それは心に終わりのないエネルギーのしこりを作るだけのような気がします。

そのとおりです。自分の行ないを反省し、そこから学び、自分がよりポジティブなほうへ変わる。それが大切なのです。これと自分を責め続けるというのは違います。そうする必要はありません。

ただ、ここで気をつけなければいけないのは、反省するということの意味です。殺人を犯した自分を否定することではありません。否定すると、内面へこもり、いつまでも不完全燃焼を起こします。

そうではなく、まず、温かく受け入れるのです。「人を殺すところまで怒ったとは、さぞや苦しかったね」と、やさしく認めてあげます。そうすると、その自分はほっとして、少し和んできて、「でも、人を殺すことはなかったな。いけないことをしてしまった。すまなかった」と心から反省します。

こうなると、その後、すっきりとして、いつまでも自責の念にかられることはないのです。だから、大切なのは、悪いことをした自分をまずやさしく認め、思いやりの心で受け入れてあげることです。

でも、自分で自分を受け入れるというのが、うまくいかないことが多いのですが、どうしたらいいのでしょうか？

その場合は、何らかの信念があって、受け入れることを拒んでいると考えられます。たとえば、この場合なら、「人を殺すことは許せないことだ」という信念です。だから、人殺しをした自分は許せない、となります。

でも、そういう信念は正しいものであって、変えるべきではないでしょう。

ここはみなが陥りやすいところです。人殺しという行為は、ネガティブな行ないであり、本人はいずれそのカルマの結果を受けることになります。カルマの法則は非個人的な宇宙の法則であり、自動的に清算されていきます。

ただし、だからと言って、人殺しという行ないを、いいとか、悪いとか、許されざるべきだとかという価値判断をすべきではありません。

そういう価値判断をするのは、あくまでも人間社会においてです。いわゆる倫理道徳という範疇の話です。

すべての自分を思いやりの心をもって受け入れるというのは、無条件の受容ということです。あれがいいとか悪いとかいうのは、条件を付けています。これは悪いから受け入れらない、というのは無条件ではありません。
無条件に受け入れるというのは、価値判断をせずに受け入れるということです。

なるほど。でも、自分には無条件に何でも受け入れるということはできません。

それはわかります。ここで重要なことは、自分自身がまず「すべての源」につながり、それにより無条件に受け入れられていることが必要なのです。それがあれば、すべての自分、すべての人が無条件に受け入れられるのです。
「すべての源」につながり、生命エネルギーに満たされると、我が満たされるという話しをしましたが、それは自分が100％、無条件に受け入れられることでもあるのです。そうなると、他のすべてが無条件に受け入れられるようになります。

そういうことなんですね。わかりました。思いやりを持って受け入れるというのは、頭で理解して、受け入れようとするのではない。自分がまず受け入れられる。そうすれば、他もみな受け入れられるということですね。

ということは、このケースをまとめると、こうなります。

殺人を犯したAさんにとって重要なことは、まず、そういう自分を否定せず、思いやりの気持ちで受け入れます。

それができない場合は、自分に「人を殺すことは許せないことだ」という信念がないかチェックします。もしあれば、そういう価値判断をすべきでないことを理解します。ただし、頭で理解しただけでは、受け入れたことにはなりません。

「すべての源」につながり、自分が受け入れられるという体験が肝心です。そうすれば、人殺しをした自分も受け入れられます。そして、もう二度とこういう行ないはしないと心に決めます。罪悪感や後悔の念で、いつまでも自分を責め続けることはなくなります。

はい、そうですね。

それでは、いよいよ今回の震災の場合を考えてみましょう。以下のケースを考えます。それは、あなたが津波の現場にいて、自分は逃げて助かったが、逃げ遅れた人がいたというケースです。あなたは、その人を助けられなかったことを悔やみます。後悔し、自分がどうしてその人を連れて逃げなかったかと自分を責めます。この場合は、どうでしょうか？

どういう自分であれ、温かく受け入れるということが大切です。人を見捨てて逃げてしまった自分、そういう自分を無条件に受け入れます。ただし、頭ではそう理解しても、心の底からはそうできないとしたら、信念を持っているということですね。「人を見捨てて逃げるのはいけないことだ」という信念を。

でも、ほとんどの人はそういう信念を持っているはずです。何とか自分に言い訳をしてるのではないでしょうか。あのときはしょうがなかったんだとか。

でも、自分に正直な人は、人を見捨てて逃げてしまった自分を許せないという気持ちがどこかにひっかかっている。あるいは、やはり、自分だけ生き残って申し訳ないという思いが。

そういう自分を受け入れるには、「すべての源」に無条件に受け入れてもらうという以外ないのではないでしょうか。

地球からあなたへ

そうです。そういう状態になるのが、アセンションなのです。

これからとおるアセンションの道は、いばらの道に見えるかもしれません。

さまざまな困難によって先がまったく見えないこともあるかもしれません。

でも、この道の先には、光り輝く世界が必ずあなたを待っています。

今起こりつつあること、そして、今後起こることはすべて、あなたの気づきを促すために起こっています。

あなたと関係のないことはひとつもありません。

すべては自分のために起きていると考え、起こってくれたことに心から感謝し、その意味するところから、気づきを得るようにしてください。

そういう気づきが、あなたを温かな心へ、思いやりの心へと導いてくれます。

アセンションのキーワードは、思いやりの心です。

自他ともどもを温かな心で受け入れることです。

思いやりの心が、あなたの心の真ん中に立つとき、そして、みんなの心の真ん中に立つとき、思いやりの輪の広がりは、地球全体を覆うことになるでしょう。

そのとき、人類と地球はアセンションを完了します。

解説　アセンションとは

第３密度（個人意識）から第４密度（超個人、トランスパーソナル意識）へ

アセンションとは人類が一つ上の意識段階へ移行することを言います。アセンションという英語は上昇という意味です。地球と地球生命系全体も同時に移行します。

ただ、具体的に何が起こるのか、そしてどういう期間に起こるのかについては、さまざまな情報があります。ほとんどの情報は何らかの形で地球外生命体か、または、私たち人類を導く高次の意識存在たちから与えられています。

こういった情報の間には互いに矛盾するものもあります。ひとつの理由は、今回の地球におけるアセンションが、過去に起こった類似の現象よりもはるかに大規模なものとなるため、実際何が起こるのかの詳細については、わからないところが多いからとされていますす。また、ネガティブな地球外生命体たちが、意図的に誤った情報を特定の人にダウンロードして広めさせていることもあります。

まず時期と期間については、古代マヤの暦が２０１２年12月21日をもって終わることとの関連性を強調し、大きな変化がこのときに一挙に起こると主張する人たちもいます。

それに対して、変化のペースはもう少し緩やかで、２０１２年を越えて10年、20年かけて大きく変わるのだという主張もあります。ただ、数十年かかるとしても、変化の大きさ

が大きさなだけに、それでも相当の変動を経験することにはなります。

また、移行に伴い、地球自体も変化していくために、大きな天変地異が起こるという見方もあります。それらは、地震や津波、洪水、干ばつ、広域火災、火山の噴火、隕石落下、磁極の反転などと言われています。中には、この天変地異の結果、人類が滅亡するという説もありますが、これはネガティブな生命体がばらまいた、意図的に恐怖心をあおるだけの情報と考えていいでしょう。

肝心な人類の意識の変化ですが、バシャールという地球外生命体によれば、人類は第3密度と呼ばれる段階から、第4密度と呼ばれる段階へ移行するとしています。第3密度と第4密度については、このすぐ後で詳しく説明します。

他の情報も、意識レベルの呼び名の違いはあるにせよ、アセンション後の意識レベルがどういうものになるかということについては概ね一致しているようです。弥勒の世になると表現する人もいます。

どうして地球と人類にこういう大変化が起こるのか、ということに関してもいくつか異なる情報があります。

ひとつは、地球に大量の生命エネルギーが銀河系コアから流入し、それがある種の覚醒を促すという情報です。生命エネルギーには無条件の愛や知性という成分があり、それにより、人類の知覚が広がり、覚醒するのです。

これに類似の情報として、太陽系が銀河系内の特殊なハイエネルギー領域に突入するからだとする情報もあります。その領域はフォトンベルトと呼ばれることがあります。

別の情報は、人類の集合意識としてのリズムが眠りから覚醒へと向かい、ちょうど２０１２年に全体として目覚め始めるのだとします。人類は２万６０００年周期のリズムで眠ったり、目覚めたりしているとのことです。２万６０００年というのは、地球の歳差運動の一周期の期間に相当します。

ただ、これだと、どうして、今回がこれまでになかったほどの大きな変化なのか、どうして地球もいっしょに変化するのかが説明できません。

理由はともかくとして、２０１２年ごろを境として、人類の大きな目覚めが始まるという点ではどの情報も一致しています。

さらに、人類の脳内の松果体が変化するとか、ＤＮＡが変化するという情報もあります。

その中で、バシャールに特徴的な情報としては、人類のほとんどはこの先、ポジティブな地球か、ネガティブな地球のいずれかを体験するようになるとしている点です。ここでポジティブな地球がアセンションした地球です。それに対して、ネガティブな地球は今よりもさらにネガティブになった地球です。

同じ地球に住みながら、人によってはそれが楽園に見え、人によっては地獄に見える、というのではありません。お互い、まったく異なる地球を体験するのです。住んでいる人たちも異なります。そういう異なる地球が異なる次元に並存するとします。いわゆるパラレルワールドの考え方がこの背景にあります。パラレルワールドとは、同時にさまざまな世界が並存しているとする理論です。

今、この地球での大変換を観察するために、多くの地球外生命体たちが地球近傍の非物質領域に集結しています。彼らは何らかの形の乗り物(宇宙船)に乗っています。ただし、彼らは私たちとは若干異なる次元にいるので、地球の近くをいくら探しても彼らを見つけることはできません。人工衛星が遭遇したり、まして衝突することもありません。まれに彼らの宇宙船が地球上へ来ることがあり、それが目撃されることがあります。それがいわゆるUFOです。

集結している地球外生命体の中には、人類がこの移行をスムーズに行なえるように手助けに来ているものもいれば、自分たちの星への影響をはかり知るために来ているものもいます。あるいは、この機に乗じて、あわよくば、自らのしもべを作ろうと企てるものたちも一部にはいます。いわゆるネガティブな生命体たちです。ネガティブな生命体は全体の一割ほどにすぎないと言われています。

手助けに来ている地球外生命体たちの中には、実は、私たちの親戚すじに当たるものたちも多数います。親戚すじといっても、ピンと来ないかもしれません。

実は私たちの仲間たちが太陽系近傍の星々を探索しているのです。たとえば、シリウスやケンタウルス座アルファ、アルクトゥルス、プレアデス星団、オリオン座の星々、こと座の星々などです。私たちは地球生命系へ入って、そこでさまざまな体験をしていますが、それと並行して、仲間のいくつもの集団が他の星々の生命系を探索しているのです。彼らは私たちとともに大きな集団の一部を成しています。そういう仲間たちの中で地球まで来られるものたちが手を差し伸べにやってきています。いずれ遠からず、彼らと会うこともあるでしょう。

バシャールによれば、２０１２年にはそれまであった地球人類を地球外生命体から隔離するという決まりが終わるとのことです。実は地球外生命体たちの間には取り決めがあり、２０１２年までは人類に直接干渉してはいけないことになっています。それが

2012年で切れるのです。

バシャールによると、その結果として、2015年ごろから、地球外生命体と直接コンタクトする人たちの数が増えていきます。さらに、2040年ごろまでには、彼らとの公式な形でのコンタクトが行なわれるようになります。最初に私たちが公式にコンタクトするのは、ヤエーラと呼ばれる生命体です。バシャールたちは3番目とのことです。

第4密度の特徴

それでは、第3密度と第4密度ではどこがどう違うのか、お話ししましょう。いくつもの違いがあります。

○個人意識vs超個人

まず、今人類のいる第3密度では、人の意識はそれぞれ個別です（個人意識）。つまり、肉体的にも、意識としても各人は分かれています。

それに対して、第4密度では、肉体はまだ別々ですが、意識が個人を超えてつながるようになります。その状態は超個人（トランスパーソナル）と呼ばれることがあります。

第4密度に移行したばかりの段階では、ときどき互いに思いが伝わるという状態です。テレパシーという言葉がありますが、テレパシーを使って意思の疎通がなされる状態です。

第4密度の中でさらに上へ上がっていくと、そのテレパシーでつながった輪がだんだん多くの人に広がっていくと同時に、単に伝わるのではなく、同じ思いや考えを共有するという状態も体験するようになっていくようです。

○ネガティブな発想vsポジティブな発想

違いのふたつ目として、第3密度ではネガティブな発想が支配的ですが、第4密度ではポジティブな発想が支配的になります。

ここでポジティブな発想とは、喜びが基になった発想であるのに対し、ネガティブな発想とは、恐れが基になった発想です。

これまでの地球生命系はネガティブな発想を支持しやすい環境でした。そのため、人はともすれば、「自分は安全でない」、「十分な量はない」、「何ごとも行なうのは難しい」という思い、信念を持つ傾向がありました。

そして、そういう信念から、悲しみ、苦しみ、怒り、憎しみ、恨み、ねたみ、恐れ、不安、心配、というネガティブな感情が生まれてきていました。

それが、今後は喜びを基にしたポジティブな発想をするように変わっていきます。そして、「自分は安全だ」、「十分な量はある」、「何ごとを行なうのも簡単だ」という思いを持つようになります。

その結果、喜び、安心、思いやり、いたわり、創造的というポジティブな感情に満たされるようになります。

第4密度では、心の真ん中に、思いやりの温かい心が常にある状態と言っていいでしょう。それが、ある意味、第3と第4の根本的な違いを言い表しています。

○すべての源とのつながり

なぜそういう違いが生まれるかというと、それは、第3密度と第4密度の3つ目の違いに起因しています。それは、「すべての源」とのつながりが第3密度では弱いのに対し、第4密度では強固になるということです。

ここで、「すべての源」とは、「大いなるすべて」とも、「一なるもの」とも、「生命エネルギーの源」とも、「創造エネルギーの源」とも、「源」とも呼ばれるものです。ひらたく言えば、創造主とか神と言い換えてもいいかもしれません。ただ、これまでの宗教で言われてきた神や創造主とは相当違う概念なので、誤解を避けるためには、創造主や神という言葉は使わないほうがいいでしょう。

それでは、「すべての源」とは何かというと、この宇宙やその他無数に存在するすべての宇宙と、それらすべてを生み出した源のことです。つまり存在、非存在の総和です。人知を超えた存在ですので、これ以上のことはわかりません。

本書では「すべての源」という言葉を使いますが、一般的には、「大いなるすべて」や「一なるもの」という言葉がよく使われています。

「大いなるすべて」は英語の「All that is」、「一なるもの」は「The One」の翻訳であり、日本語としてなじみがなく、違和感を感じます。

仏教や神道で使われる言葉で言えば、森羅万象、大宇宙、自然ということになると思います。ただ、どうもぴったりとこないところがあります。仏教では、同じ概念を人格化して、大日如来とか阿弥陀仏と呼んでいるのかもしれません。ただ、こういう言葉を本書で使うのは、あまりに宗教的になりすぎるきらいがあります。

ということで、本書では「すべての源」という言葉を使っています。

第4密度では、そういう「すべての源」と確固としたつながりができます。

「すべての源」は生命エネルギーの源でもありますので、つながりが強いと、常に生命エネルギーで満たされた状態になります。

生命エネルギーは、無条件の愛や癒しのパワーに満ち溢れていますので、これに満たされるということは、常に幸せで、感情的に安定しているということになります。

また、このエネルギーは知性や創造性にも富んでいますので、英知を得ることも、創造性を発揮することもできます。

○現実創造の自覚

第3密度と第4密度の4番目の違いとして、第3密度では、自分の体験する現実は自分が創造していることに気づいていないのに対し、第4密度では、それを明らかに自覚しています。

第3密度の私たちでも、実は、自分の体験する現実は自分が創造しています。そういうとビックリされるかもしれません。それなら、どうして自分の思いどおりにならないのかと思われるでしょう。

自分の体験する現実は、自分の持つ信念をそのまま反映しているのだ、と言い換えると理解しやすいかもしれません。人はだれも意識するしないにかかわらず、数々の信念を持って生きています。その多くは生まれてから成長してくる間に身に付いたものです。親や学校、社会から何度も言われて、すりこまれたものばかりです。

そういう信念をより強固なものにするプロセスを私たちは日々行なっています。

なぜなら、自分の信念が何であれ、信念をそのまま反映するような形で現実は作り出されるからです。ですから、出てきた現実を見て、自分の信念が正しかったことを確認することになるのです。

こういう自己補強システムの中で、信念を変えることは難しいように思えます。

でも、そうではないのです。まず、信念が何であれ、それを認識し、それを変えるのです。そうすると、今度はその新しい信念を反映する形で現実が創造されます。そして、それを体験することになります。

バシャールは、「鏡の中の自分が笑うには、まず、自分が笑う必要がある」と、このことを端的に言い表しています。鏡の中の自分とは、自分が体験する現実を指しています。

第３密度と第４密度	
第３密度	第４密度
肉体も意識も個別	肉体は個別、意識は個人を超える（共有）
「すべての源」とのつながりが弱い	「すべての源」とのつながりが強い
自分の現実を創造していることを自覚しない	自分の現実を創造していることを自覚
恐れを基にした発想	喜びを基にした発想
心の真ん中に思いやりの心がない	心の真ん中に思いやりの心がある
二元的（善悪、正邪）	統合
対立	調和

私たちは、こういう現実創造のメカニズムを知りません。だから、自分が自分の体験する現実を創造しているのだということに気がついていません。

それに対して、第4密度では、このことを自覚しながら生きています。

密度と振動数

生命体の発展の度合いを示す指標として、本書では密度という概念を使っています。

生命の意識の発展は、第1密度から始まります。第2、第3、第4までは物質としての生命ですが、第5密度以降は、非物質となります。

第3と第4密度では、生命体を構成する物質自体も異なります。第3密度の私たちが第4密度の生命体を見ると、半透明とか、光り輝いて見えるそうです。

たとえて言えば、回転しているときの飛行機のプロペラのようなものです。

プロペラは止まっているときにははっきりと見えますが、回転し始めると次第に見えなくなり、単に全体として残像が円形に見えるだけになります。プロペラの回転速度が私たちの速度（この場合はゼロ）とあまりに異なるために、見えなくなるのです。もし、私たちがプロペラといっしょに回転すれば、見ることができます。

それと同様に、第4密度の物質は、振動速度が私たちを作る第3密度の物質よりも速いので、私たちには、ぼんやりとした輪郭しか見えないのです。私たちが第4密度になれば、彼らをはっきりと見ることができるようになるのです。

ここで出てきた振動速度を生命体の発展の度合いを示す指標として使うこともできます。

振動速度という代わりに、振動数という概念を用います。回/秒という単位を使って表されます。つまり、一秒あたり何回振動するのかという回数です。

振動数は値が大きいほど、発展の度合いが高いということになります。人類は平均として7万6000~8万回/秒という範囲にいます。

詳しくは表をご覧いただければわかりますが、第3密度は振動数では、6万から15万回/秒に相当します。

第3密度と第4密度の間には移行領域が15万から18万回/秒まであり、18万から25万までが第4密度となります。

ちなみにバシャールたちは今、第4密度から第5密度へ移行するところにさしかかっているそうです。

人類が今後、第4密度へ移行するということですが、現状の7万6000〜8万回／秒から、一挙に18万回／秒まで上昇することになります。移行にどれでけ時間がかかるのかについては、情報源によって異なり、2012年12月21日に一瞬にして起こるという情報から、数十年かかるという情報まであります。

ただ、数十年かかるにしても、変化のペースは相当速いと見ないといけないでしょう。なにせ、振動数が倍以上になるのですから。

ちなみに、釈迦とイエスの振動数は、20万回／秒以上ということで、第3密度の世界に生きながら、第4密度の状態にいたことになります。私たちもアセンション後には18万回／秒になるのですから、かなり近づくということになります。これを見ても、アセンションがどれほどすごいことなのか、わかると思います。

《密度と振動数》		
密度	振動数（回／秒）	備　　考
第３密度	約 60,000 ～約 150,000	地球は今までこの段階。人類の平均は約 76,000 ～ 80,000 回／秒。初期のアトランティスは平均約 140,000 ～ 150,000 回／秒。
移行領域	約 150,000 ～約 180,000	上は約 180,000 回／秒。今、人類は第３密度から第４密度への移行期。ムー／レムリアは平均約 170,000 ～ 180,000 回／秒。
第４密度	約 180,000 ～約 250,000	ピラミッド内の儀式で到達したのは約 200,000 回／秒。仏陀やイエス、クリシュナ、ウォヴォーカは 200,000 回／秒以上。ここまでは物質界
移行領域	約 250,000 ～約 333,000	バシャールたちの惑星・エササニでは約 250,000 ～ 290,000 回／秒。セッションのときのバシャールの宇宙船は約 250,000 回／秒。エササニは今、物質次元から非物質次元への移行期。
第５密度	約 333,000 ～約 500,000	ここから非物質界。
第６密度	約 500,000 ～約 666,000	
第７密度	約 666,000 ～約 825,000	
第８密度	約 825,000 ～約 1,000,000	
第９密度～	約 1,000,000 ～	

出典：バシャール × 坂本政道（VOICE）P137

アセンションのキーワード、気づき

それでは、第3密度から第4密度へ移行するために、私たちは何をすればいいのでしょうか。これまでどおりの日常を単に忙しく生きていれば、みなひとりでに第4密度へ上がっていくのでしょうか。

それは、一人ひとりの心がけ次第です。

アセンションに肝心なことは、気づきを得ること。それによって、信念や価値観が大きく転換し、自分が変わることです。

日常を生きている中で、気づきを促すような出来事が今後ますます起こってきます。今回の大震災もそうでした。

同じ中を生きていながら、大きな気づきを得る人もいれば、まったく何も得ない人もいます。

今回の震災で被災され、生活を根底から覆され、途方に暮れ、でも、その中から大切なものを得る人もいます。まったく同じ体験をしながら、そのまま悲嘆にくれた日々を過ごす人もいます。

被災されなかった人にしても同様です。自分なりに何か深いところでの変化を経験する人もいれば、何もなかったかのように過ごす人もいます。

ですから、一人ひとりの心がけ次第ということになります。

今後、気づきを促すようなエネルギーが地球へますます入ってくると考えれば、機会はますます増えていくと考えていいでしょう。

速く進む人もいれば、ゆっくり進む人もいるでしょう。それも心がけ次第です。

自分が何もしないでも、放っておけば、ひとりで上へ上がっていくだろうと考えている人は、落胆することになるでしょう。まして、何かの神や救世主、宇宙人が現れて、自分を救ってくれるなどと夢見ている人は、がっかりするだけです。

さまざまな気づきを促す機会は増えていきますが、そこで気づきを得るのも得ないのも、本人の心がけ次第で、本人の努力が必要なことは明らかです。

後ほど、このプロセスを加速するためのひとつのシンプルな方法をご紹介しましょう。これをその後でご紹介するヘミシンクを聴きながら行なうと、効果はさらに高められると思います。

これ以外にもさまざまな方法があります。実際のところ、古来から伝わる瞑想、座禅、読経、声明、滝行などの数々の修行法や古代エジプトで行なわれていたという大ピラミッド内での秘儀も、すべて同じ目的を持っていたと考えられます。ですから、自分が惹きつけられる方法を試されることをお勧めします。

時間の進み方がどんどん速くなる

ここ何年か前から、時間の進み方が昔に比べて速くなってきたと感じている方は多いのではないでしょうか。この前正月をやったと思ったら、もう桜の季節だ、と思ったら、ゴールデンウィークだ。というふうに目まぐるしく季節が移っていきます。

しかも年を追うごとにさらに速くなっているという感覚さえあります。

年のせいかなと思うと、若い人まで同じようなことを言っているので、そうではないようです。一体これはどうしたことなのでしょうか。

これに関連して、多くの高次の生命体が異口同音に言うのですが、アセンションに向けて時間の進み方が加速度的に速まるのだと。従って、これからますます速くなっていくということです。

これは、先ほどお話しした、人類と地球の振動数がアセンションと共に高くなっていくということと関係しています。

このことは私たちの知っている物理学の範囲を越えた話なので、物理学で説明できることではありません。というのは、人類とか地球に振動数があるということ自体が物理学の理解を越えているからです。

ただ、類似のことは物質世界でも起こり、物理学で説明できます。物質世界での話では、何かの振動数が高くなるということは、何かがより速く動いているということです。

たとえば、ブランコを例にとりましょう。ブランコが一分間とか、一秒間とか、ある決まった時間内に何回往復するかがブランコの振動数です。振動数が高くなるということは、それだけ多くの回数、ブランコが往復するということです。その場合、ブランコの動く速度は速くなります。

このように、何かの振動数が高くなるということは、何かがより速く動くようになるということです。

アインシュタインの相対性理論によれば、速く動く物と静止している物とを比べると、速く動く物の中では時間がゆっくりと進みます。たとえば、静止している人と光の速度の90%の速度で航行する宇宙船内の人とを比べてみましょう。相対論によれば、静止した人にとって1年たったとき、宇宙船内の人にとっては0・44年しか経っていないのです。

だから、よく言われるように、地球からどこかの星へ光速に近い速度で旅立ち、また地球へ帰ってくると、宇宙船に乗ってた人には20年しか経っていなかったのに、地球では100年も経っていて、知人はみな亡くなっていたということになります。まさに浦島太郎です。

ただ、ここまでの話だと、振動数が上がると、速度が速くなるので、時間はゆっくり進むということなので、先ほどまでの話とまったく逆の話になってしまいます。

で、ここからが面白いところです。しっかりと考えてください。

あなたが地球上でみなといっしょに生活しているときに、なぜかあなただけ、ある期間、振動数が高くなったとしましょう。するとどうなるでしょうか。

あなたの中での時間の進み方はこれまでよりもゆっくりになります。ところがまわりは、これまでと同じペースで時間が進んでいます。

ここで、あなたの振動数が高くなった期間が、まわりの世界の時間で、1時間だったとしましょう。すると、振動数の高くなったあなたの中では、時間はゆっくりと進みますので、たとえば、30分しか経っていないということになります。

で、この期間が終わり、あなたの振動数が元に戻ります。そのとき、あなたとしては30分しか経っていないのに、壁の時計を見ると何と1時間が過ぎていたということになります。

つまり、あなたの中では30分しか経っていないのに、実は1時間も経っていたということが起こります。

これは、感じとして30分しか経った感じがしない、というのではなく、本当にあなた自体にとって30分しか経っていないのです。

こういう体験は、たとえば、何かとても楽しいことをしている場合に起こります。みなとお茶を飲んでわいわいにぎやかに過ごしていたら、あっという間に昼休みが終わったという経験です。楽しいときに人の振動数は高くなるのです。だから、こういうことが起こるわけです。

バシャールは、ワクワクすることをしなさい、ワクワクに従って生きなさい、ということをみなに勧めます。彼によると、ワクワクすると振動数が高くなって、体内での時間の進み方が遅くなり、老化が遅くなるのだそうです。だから、世の中、楽しそうにしてる人はいつまでも若々しいのです。右に説明したことからも、それは言えます。浦島太郎は、竜宮城であんまり楽しく過ごしたので、帰ってきたら、３００年も経っていたわけです。

ここまでの議論は、自分がまわりの世界よりも振動数が高くなった場合の話です。まわりの世界という比較する対象がある場合です。

それでは、まわりも自分もいっしょに振動数が上がっていく今回のアセンションのような場合はどうなのでしょうか。

この場合は、振動数の低い世界に比べれば、時間の進み方はゆっくりになるということは言えます。ただ、そういう比較する対象とは同じ世界にはいないので、比較できないという問題があります。

自分とまわりを比較していただけでは、時間の進み方は同じです。これだと、アセンションでどんどん時間の進み方が速くなるということを説明できません。

ここから先の議論はまったくの個人的な推論です。

私たちが地球の時間を測ったり、決めたりするのは、何を基準としているかというと、それは地球の自転周期や太陽のまわりを回るのにかかる時間、つまり公転周期です。もちろん、近年ではもっと別の正確な原子内振動のようなものを使うわけですが、わかりやすくするために、自転や公転の周期を使うとしましょう。

今回のアセンションで地球の振動数は上がりますが、太陽系自体は変わらないと思われます。そうすると、太陽系内で地球が公転するのに要する時間は、変わらないだろうと考えられます。つまり、公転周期は1年のままです。

で、すべての時間はそれを基準としているとすると、人類や地球の振動数が上がって、私たちと地球を作る物質にとってはゆっくりと時間が進み、半年しか経っていないのにもかかわらず、公転周期から見ると1年経ったということになります。だから、時間があっという間に過ぎていくということになります。

地球の自転を基にして時間を測る場合はどうでしょうか？

角運動量保存則という物理の法則があり、地球の持つ角運動量が保存されるために、地球は概ね一定の速度で回転しています。その法則が、地球の振動数が上がっても、維持されるなら、自転を基にして時間を測ると、公転周期を基にした上と同じ議論になります。つまり、時間があっという間に過ぎていくということになります。

そこで、問題は、部屋にある時計の示す時間は、どうなるのか、ということでしょう。人類や地球を作る物質と同じように時計の振動数も上がっていくので、その示す時間は公転周期から出てくる時間よりも遅くなるはず？

どうでしょうか。時計の中に入っている水晶振動子が時間を決めていますが、それは、新しい高い振動数に従うのでしょうか？　それとも、今までどおりの振動数に従うのでしょうか？

柱時計のように、地球の重力で時間を測るものは、どうなるのでしょうか。重力自体が変わるのでしょうか？

この辺については、もう少し考えてみる必要があります。もしかしたら、腕時計の示す時間がどんどんずれてくるなんてこともあるかもしれません。みなさんも考えてみてください。

いずれにせよ、今後ますます時間の進み方が速くなるということです。それにともない、各個人にとって、感情的に、精神的に、肉体的に、いろいろな問題が噴出し始める可能性があります。第3密度から第4密度へ移行していく際に、振動数が上がっていくのですが、自分の内部のさまざまな要素のうち、振動数の上昇に従いきれないものが、そういう形で出てくるのです。それらに意識を向け、変えるべき信念、価値観に気づき、変えるということをしていく必要があります。

解説　生命エネルギーを取り込むエクササイズ

このエクササイズの目的は、プラーナ管を強化し、宇宙と地球から生命エネルギー（智慧と無条件の愛を秘めたエネルギー）をハートへ、さらに、全身へ取り込むことです。そうすることで、知覚を開き、気づきを促します。

その結果、「すべての源」とのつながりが強化されます。そして、満足と安寧を得ることができます。また、感情が安定します。

このエクササイズの究極の目的は、この段階にとどまらず、さらに、「すべての源」と完璧につながり、「すべての源」によって自分が100％受け入れられることです。

体内を縦に通るエネルギーの管（プラーナ管）については前にお話ししました。この管は会陰《えいん》（肛門と性器の間）から体外へ出て、そのまままっすぐに地中へと伸びています。どのくらい伸びているのかには個人差があります。数十センチの人もいれば、地球奥深く、地球コアまで伸びている人もいます。

また、頭のてっぺんからは上へまっすぐに伸びています。どれくらい伸びているかも大きな個人差があります。

以下で紹介するエクササイズでは、この中へ、地球と宇宙から生命エネルギーを呼吸と共に取り込みます。そして、息を止め、エネルギーを全身のすみずみまで回し、息を吐き

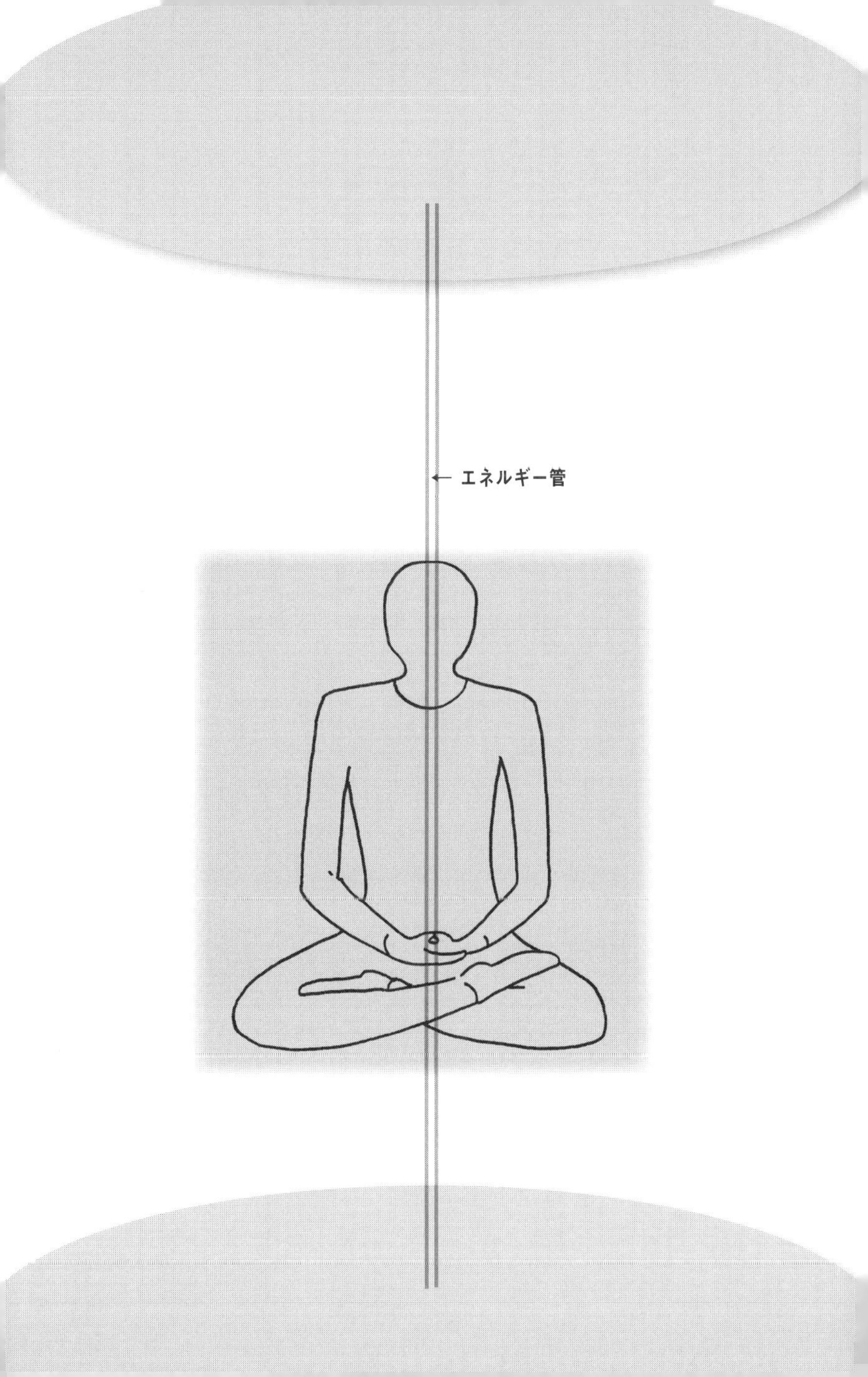
← エネルギー管

出します。その際、声を出し、声帯を震わせます。アー、イー、ウー、エー、オーの母音の中でいろいろと試します。音程も変えてみましょう。声によって気道が共鳴し、響くようにします。さらにプラーナ管が笛のように共鳴していることを想像します。

声による振動で気道が響くことが重要なポイントです。

○準備

静かな、リラックスできる環境を選びます。声を出しますので、まわりに迷惑にならないことも必要です。

服装もリラックスできるものにします。途中で寒くなったり、暑くなったりすることがありますので、体温調節がしやすい服装がいいでしょう。

食後少なくとも2時間ぐらいしてから始めます。

イスに座るか、座禅のように足を組んで座ります。背筋はできるだけまっすぐに伸ばします。立ったままで行なってもかまいません。

○エクササイズ①

（1）まず、体内を縦に貫くプラーナ管（エネルギーの管）を想像します。直径5センチほどの透明の管というイメージでいいと思います。別のものが見えてきたら、そちらにしてください。その管が会陰から下へまっすぐに伸びていると想像します。また、頭のてっぺんから上へもまっすぐに伸びていると想像します。

（2）次に、母なる大地には優しい慈愛あふれるエネルギーが満ち溢れていると想像します。

（3）ゆっくりと息を吸いながら、その大地のエネルギーをプラーナ管の下から吸い上げていきます。木が地下の水と滋養を吸い上げるようにです。

（4）プラーナ管を大地のエネルギーで満たしていきます。それを感じてみましょう。

（5）息を止め、全身へエネルギーを行きわたらせます。そうするには、単に体のことを思えばいいです。

(6) ゆっくりと息を吐きます。その際、声を出します。声により、気道を共鳴させ、さらにプラーナ管を共鳴させるようにします（そういうふうに想像します）。

(7) これを繰り返します。5分ほど続けます。

(8) 次に、宇宙に光り輝く生命エネルギーが充満していると想像します。

(9) ゆっくりと息を吸いながら、その光り輝くエネルギーをプラーナ管へ吸い込んできます。

(10) プラーナ管を宇宙のエネルギーで満たします。それを感じてみましょう。

(11) 息を止め、全身へエネルギーを行きわたらせます。そうするには、単に体のことを思えばいいです。

エクササイズ①

(12) ゆっくりと息を吐きます。その際、声を出します。声により、気道を共鳴させ、さらにプラーナ管を共鳴させるようにします（そういうふうに想像します）。

(13) これを繰り返します。5分ほど続けます。

○ポイント

エクササイズは、ここではそれぞれ5分ほどを目安にしていますが、ご自身で満足のいく長さにしていただいてかまいません。

呼吸は腹式呼吸を心がけます。吸うときよりも吐くときに時間をかけます。細く長く吐きます。

声は腹から出すようにします。気道を響かせるということを重視します。

声の大きさは、ご自由です。ただ、小さな声でも響かせることはできます。大きければいいというものでもありません。声の良し悪しは気にしなくてかまいません。

エネルギーがプラーナ管を流れるかすかな感覚を感じるように努めてください。まったくわからなくてもかまわないのですが、想像力をたくましくして、流れているつもりになるのも知覚する手助けになります。

エネルギーの流れがわかる人は、呼吸と共に自動的にどんどんエネルギーが入ってくるようにします。

エネルギーの感じ方は人により千差万別です。暖かさや、冷たさ、電流のようなビリビリする感じ、圧迫感、痛み、むずむずする感じ、くすぐったさなど。

エネルギーの流れはまったくわからないけど、エネルギーが多量に入ったことを、目まいがするという形で知覚することもあります。長湯をしてしまった後のような、のぼせた感じを持つこともあります。

○エクササイズ②

このエクササイズは①とほとんど同じですが、ハートへエネルギーを集めます。

（1）まず、体内を縦に貫くプラーナ管（エネルギーの管）を想像します。

（2）次に、母なる大地には優しい慈愛あふれるエネルギーが満ち溢れていると想像します。

（3）ゆっくりと息を吸いながら、その大地のエネルギーをプラーナ管の下から吸い上げていきます。木が地下の水と滋養を吸い上げるようにです。

（4）エネルギーはプラーナ管を通ってハートへ流れ込み、ハートを大地のエネルギーで満たしていきます。それを感じてみましょう。

（5）ゆっくりと息を吐きます。その際、花びらが開くように、ハートが大きく開き、広がっていくと想像します。息を吐きながら声を出します。声により、気道を共鳴させ、さらにプラーナ管を共鳴させるようにします（そういうふうに想像します）。

（6）これを繰り返します。5分ほど続けます。

エクササイズ②

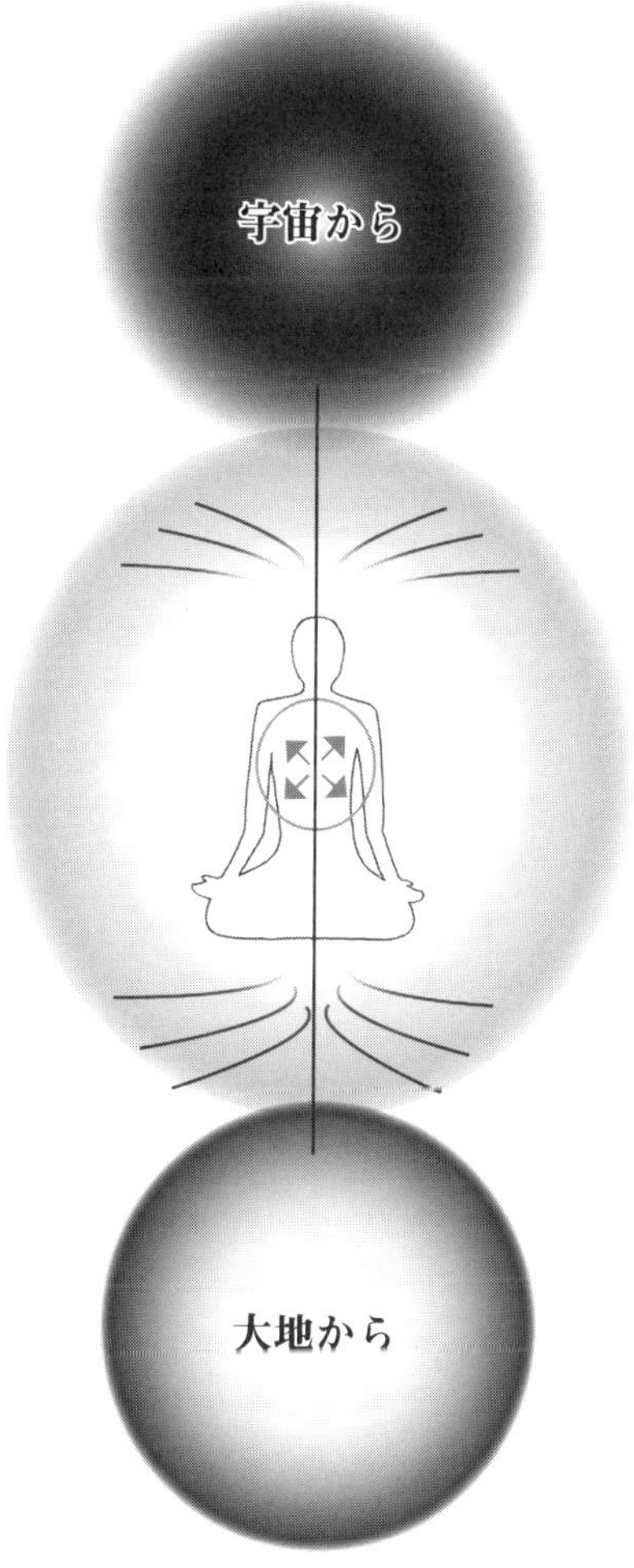

（7）次に、宇宙に光り輝く生命エネルギーが充満していると想像します。

（8）ゆっくりと息を吸いながら、その光り輝くエネルギーをプラーナ管へ吸い込んできます。

（9）宇宙のエネルギーはプラーナ管を通ってハートへ流れ込み、ハートを宇宙のエネルギーで満たします。それを感じてみましょう。

（10）ゆっくりと息を吐きます。その際、花びらが開くように、ハートが大きく開き、広がっていくと想像します。息を吐きながら声を出します。声により、気道を共鳴させ、さらにプラーナ管を共鳴させるようにします（そういうふうに想像します）。

（11）これを繰り返します。5分ほど続けます。

ポイント

ハートがエネルギーで満たされてくると、それを暖かさとして感じたり、膨満感や圧迫感、違和感、あるいは痛みとして感じることもあります。痛みが強すぎる場合は、流れをゆっくりとさせます。それでも痛みが治まらない場合は、しばらく休憩してください。

逆にまったく何も感じない場合でも、意識をハートへ向けて、想像力をたくましくしてみましょう。ハートの部分に花びらがあって、それが広がっていくと想像します。場合によっては回転することもありますので、その場合は、回転するままにしてください。

◯エクササイズ③

これは②と似ていますが、宇宙と地の両方から同時にエネルギーを吸い込みます。①と②が慣れてきたら、③を行なうようにしてください。

（1）まず、体内を縦に貫くプラーナ管（エネルギーの管）を想像します。

（2）次に、母なる大地には優しい慈愛あふれるエネルギーが満ち溢れていると想像します。

（3）次に、宇宙に光り輝く生命エネルギーが充満していると想像します。

（4）ゆっくりと息を吸いながら、大地と宇宙の両方からプラーナ管へエネルギーを吸い込んできます。そして、ハートへとエネルギーを注ぎ込み、ハートをエネルギーが満たしていきます。

（5）ゆっくりと息を吐きます。その際、花びらが開くように、ハートが大きく開き、広がっていくと想像します。息を吐きながら声を出します。声により、気道を共鳴させ、さらにプラーナ管を共鳴させるようにします（そういうふうに想像します）。

（6）これを繰り返します。5分ほど続けます。

最後の鍵を開ける

以上のエクササイズを行なっていくと、プラーナ管にどんどんエネルギーが注入されて

エクササイズ③

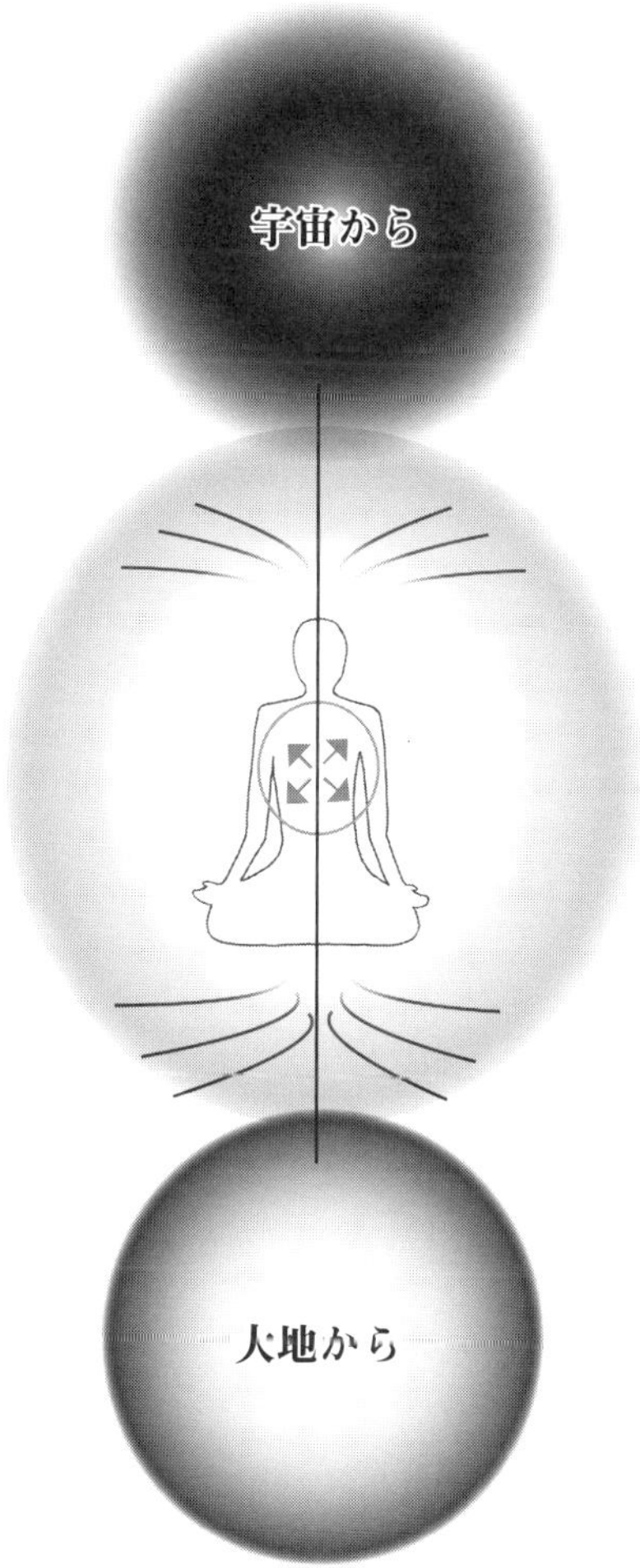

いき、地球と宇宙とのつながりは強くなっていきます。そこを経由して生命エネルギーの源である「すべての源」とのつながりも強くなっていきます。

ただ、まだ「すべての源」と完ぺきにつながったわけではありません。そうなるには、最後の鍵を開ける必要があります。

それにはさまざまな方法があります。古来、それは秘儀として門外不出の教えでした。私がディアナと呼ばれる高次の意識存在から教わった方法を以下にお話しします。詳しくは拙著『坂本政道　ピラミッド体験』（ハート出版）に書かれていますので、そちらをご覧ください。ディアナは観音菩薩でもあります。

それは、声の振動を使うものです。

まず、右にお話ししたエクササイズを行ない、生命エネルギーをプラーナ管へ注入します。さらにハートへ集めます。

このエクササイズを、フラクタル・パターンが付いたピラミッド構造内で行なうと、さらに効果があります。フラクタル・パターン付きのピラミッドについては、『坂本政道　ピラミッド体験』に書かれています。このパターンはバシャールから教わったアイデアです。これが付くことで、2～3メートルほどのピラミッドでも、エジプト・ギザにある大ピラミッドと同じ効果が得られるとのことです。

このエクサイズを行ない、エネルギーを十分にハートに蓄えながら、意識を仏教で言うところの「空」と呼ばれる状態へ持っていきます。「空」は心の奥深くにある、まったく何もない静かな、漆黒の空間です。そこはすべての宇宙の外の空間でもあります。

その状態で、声を出すのですが、声の振動が「すべての源」の振動数に合致しなければなりません。ただし、それはその人固有の振動数でもあるようで、各自試行錯誤の上、見つける必要があります。

声がその振動に合致すると、鍵が開き、向こう側へ出ます。向こう側とは、「すべての源」のことです。「空」と「すべての源」は、薄皮一枚隔てられています。こちら側は夢の世界、幻の世界、向こう側が目覚めた世界、真実の世界とも言われます。そのため、向こうに出ることを覚醒とも言います。

この「空」と「すべての源」を隔てる薄皮を開けるのが、鍵となる声の振動なのです。全身全霊で発声し、声で全身が振動するようにします。特にプラーナ管が振動することが重要です。

この声は、マントラ（真言）とも呼ばれています。

ディアナによれば、彼女が古代インドで観音菩薩と認識されていたとき、釈迦の高弟であったシャーリプトラ（舎利子）に、真言を教えたとのことです。それが般若心経に出てくる

掲諦　掲諦　波羅掲諦　波羅僧掲諦　菩提　薩婆賀
Gate　gate　paragate　parasamgate　bodhi　svaha
ガテー　ガテー　パーラガテー　パーラサンガテー　ボーディ　スヴァーハー

という真言です。これを無心になって何度も唱えると、次第に振動数が合致し、鍵が開くとのことです。ただし、この真言ではなく、自分に合ったものを探したほうがいいとのことでした。

エクササイズの効果

このエクササイズには、以下にお話しするように、さまざまな効果があります。

○アセンションを加速させる効果

生命エネルギーをハートに取り込むことで知覚が広がり、気づきが起こりやすくなり、アセンションが促進されます。

気づきは、このエクササイズを行なっている最中に起こる場合もありますが、そうではなく、日々の生活の中で起こることもあります。

エネルギーが入ってくると、これまで自分の内面に隠れていたさまざまなネガティブな因子が表面化してきます。それらは、日常の出来事として現れる場合が多いでしょう。

たとえば、人間関係が悪化するとか、車で事故を起こすとか、一見すると直接の因果関係がないように見えることに出てくることがあります。

ただ、その理由を考えてみると、そこには、自分の持つ何らかのネガティブな信念が見えてくる場合があります。そういう場合は、その信念を変えることを心がけます。そうしないと、同じような問題にまたぶつかることになります。

結局のところ、問題というのは、自分がネガティブな信念に気づくための道具なのです。そこを足掛かりにして、気づきを得ることができるのです。

このエクササイズは、実はハートだけでなく全身にも生命エネルギーを取り込みます。

そのため、他にもいくつもの効果があります。

○肉体、感情面、精神面のヒーリング効果

生命エネルギーは癒しの力がありますので、肉体の病んだ箇所を癒すことができます。また、精神的、感情的に癒しが必要な場合にも、生命エネルギーにより癒すことができます。

○過去の体験に起因するエネルギー体上のしこりを癒す効果

過去世や今生の生まれてからこれまでに体験したことがらが原因となり、エネルギー体（肉体ではないエネルギーの体、いくつもの種類がある）の特定部位にしこりができている場合があります。生命エネルギーは、そういう箇所を癒し、しこりを解きほぐす効果があります。過去における原因となった出来事を追体験することと組み合わせることで、問題が完全に解決される可能性があります。

○感情を安定させる

日々の生活の中で、怒りや悲しみ、不安といったネガティブな感情からどうしても離れられないことがあります。そういうときは、このエクササイズを行ない、プラーナ管にエネルギーを十分に取り込みます。そうすると、生命エネルギーの力によって、感情が安定し、バランスを取り戻すようになります。

ヘミシンクを聴きながら、このエクササイズを行なう

次にお話ししますが、ヘミシンクは、肉体が深くリラックスし、知覚が広がった意識状態へと導きます。そのため、ヘミシンクを聴きながら、このエクササイズを行なうと、通常の意識状態で行なうのに比べて、生命エネルギーがはるかに取り込まれやすい状態になります。また、取り込まれた生命エネルギーの流れを知覚しやすくなります。

ですから、ヘミシンクと組み合わせることで、このエクササイズは数段パワフルなものとなります。

ヘミシンクはCDという形で市販されています。用途に応じて数百種類のCDがあります。このエクササイズをやる場合に聞くのに適したヘミシンクCDとしては、たとえば、レゾナントチューニングです。

このCDには、ちょうどこのエクササイズで出すような声がヘミシンクと共に入っています。大勢の人がさまざまな音程で同時に発声していますので、自分の好きな音程の声を出しても違和感を感じないように作られています。30分ほどの長さがありますが、全部を聴く必要はありません。適当なところで終了してもかまいません。

これをヘッドフォンで聴きながら、右のエクササイズを行ないます。ヘッドフォンは開放型と言われるタイプのほうが自分の声が聞こえるので、お勧めです。ステレオスピーカーから流して聞いてもかまわないのですが、ヘミシンク効果は若干下がります。

それから、仏教で言うところの「空」という状態ですが、後でお話しするフォーカス15と呼ばれる意識状態からさらに奥深く入った状態です。そのため、「空」を体験するのには、まずフォーカス15を体験するのが適していると思います。

フォーカス15は、ゲートウェイ・エクスペリエンスという家庭学習用ヘミシンクCDシリーズの中に入っているWave Vを聴くことで体験できます。ただし、その前にフォーカス10と12と呼ばれる状態も体験する必要があるので、結局このシリーズを初めから学んでいく必要があります。

解説　ロバート・モンローとヘミシンク

ヘミシンクという音響技術はアメリカ人のロバート・モンローにより1960年代から70年代にかけて開発されたものです。

モンローは元々はラジオ番組製作会社の社長で、その分野ではけっこう名の知れた人でした。40年代から50年代にかけてラジオのヒット番組をいくつも作ったということです。

そんなモンローがヘミシンクという、ラジオ番組とはまったく関係のないしろものを開発した背景には、たいへん興味深い話があります。

モンローはあるとき、人が眠っている間に学習できないかと考えました。いわゆる睡眠学習です。たとえば、語学の勉強を眠ってる間にできないか、というのです。

モンローは音響の専門家でしたので、音を使うことを試しました。自分が被験者となって、いろいろな音を聴くのです。まず、音によって眠りにつかせるにはどうしたらいいのか、というところから研究をしていきました。

すると、あるときから、不思議な体験をするようになったのです。それは睡眠学習用の音を聴いていないときに起きました。夜眠りに就こうとすると、自分が激しく振動するのです。そういうことが頻繁に起こるようになりました。

そして、ある晩、激しい振動の後に気がつくと、体から抜け出て、天井から自分と横で寝ている奥さんを見るという体験をしました。いわゆる体外離脱です。

モンローはその後も頻繁に体外離脱を体験するようになりました。ただ、当時そういう現象は一般には知られていなかったため、モンローは自分に起こる不可思議な現象を解明すべく、実験を始めました。

一方、体外離脱のほうはその後も頻繁に起こりました。彼は体外離脱をとおして、さまざまな貴重な知見を得るようになります。それは、

・人は肉体を超える存在である
・人は死後も存続する
・人はこれまでにたくさんの人生を経験してきている
・それはこの地球上だけに限らず、他のさまざまな生命系での体験も多数ある
・宇宙には人類以外にも多くの知的生命体が存在する
・各人には、その人を導く知的生命体が複数いる

モンローは、こういった知見は、人それぞれが自ら体験することで「知る」以外に伝え

ることはできないと悟ります。人の話を聞いただけでは、心の底から知ったとはならず、本人の信念は変わらないのです。

そこで、何とかして、他の人たちが彼がしたのと同じ体験ができるようにする方法はないだろうかと研究を行なうようになります。彼は睡眠学習に使った音を聴くことで、一連の体外離脱が誘発されていましたので、音を使うことを考えます。

そうして試行錯誤の末、開発されたのがヘミシンクです。

当初は体外離脱を体験させる目的で開発されましたが、多くの人に試したところ、彼がしているような意味での体外離脱をしなくても、過去世体験、死後世界探索、知的生命体との交信、他生命系の探索などができることが次第に分かってきました。

そのため、今ではヘミシンクは、意識探究のための優れた方法という位置づけになっています。モンローのした体外離脱とヘミシンク体験の違いについては後で説明します。

原理

ヘミシンクとは、ヘミスフェリック・シンクロナイゼーションの略で、右脳と左脳が同調するという意味です。

これは、ヘッドフォンを通して右耳と左耳にわずかに異なる周波数の音を聴かせると、その周波数の差に相当する脳波が生じるという原理を用いています。

例えば右耳に100ヘルツ、左耳に105ヘルツの音を聞かせると、5ヘルツの脳波、つまりシータ波に相当する脳波が発生します。そのため、聴く人の意識状態をその脳波に相当する状態へ、再現性良く誘導することが可能になります。ただし、これはあくまでもそういう環境を提供するということであって、何が何でも無理やりその状態へ持っていくのではありません。本人の意図が重要です。

実際のヘミシンクにはいくつもの周波数のペアがブレンドされています。そのブレンドを適切に選ぶことで、聴く人の意識を覚醒状態、熟睡状態、瞑想状態などへ誘導できるようになります。

ほんの数十分聴くだけで、座禅などで瞑想する修練を積んできた人とまったく同じ脳波になったという報告もあります。普通、座禅などで瞑想する場合、長時間にわたって意識を理想的な状態に保つことは難しいと言われています。このようにヘミシンクは人の意識状態を望みの状態へ誘導することが可能であるばかりでなく、長時間にわたってその状態を保つことができます。

実際のヘミシンクは、複数の周波数のペアの音だけではなく、その上にピンクノイズと呼ばれる雑音が入っています。これはザーッという音で、これによって周波数ペアの音が目立たないようにしています。周波数ペアだけだと、落ち着かない音になるそうです。ピンクノイズには、ガンツフェルド効果といわれるものがあり、心を落ち着け、リラックスさせるとのことです。

フォーカス・レベル

ここで、モンローがしていた体外離脱とヘミシンクで体験する状態との違いについて若干お話ししましょう。

ひと言で言うと、それは、モンローの場合は、意識のかなりの部分が肉体から抜け出たのに対し、ヘミシンクの場合には、一部のみが抜け出るのです。この場合、抜け出る量は人により、場合によって変わります。モンローの体験にように、かなりの部分が出ることも起こります。

肉体から意識が抜け出るという表現を使いましたが、モンローは後年、こういう表現は正確ではないと考えるようになりました。

その代わりに、意識がどこにフォーカスしているのか、物質界なのか、それとも非物質界なのか、というふうに言うようになりました。つまり、意識が物質界、肉体にフォーカスしていれば、通常の状態であり、物質界にはフォーカスせず、非物質界にフォーカスしていれば、それは体外離脱だと。

しかも、同じ非物質界といっても、実は広範な領域があり、その中のどの特定の領域にフォーカスしているかで、体験する内容はまったく異なってくるということもわかってきました。

そこで、こういうさまざまな状態を区別するために、フォーカス・レベルという番号が導入されました。

覚醒状態をフォーカス1として、番号が大きくなるほど、物質世界から離れていきます。代表的なレベルとしては以下があります。

フォーカス10：肉体は眠り、意識は目覚めている状態
フォーカス12：知覚の拡大した状態
フォーカス15：時間の束縛から自由な状態

フォーカス21：この世とあの世の境界領域
フォーカス23～27：死後世界
　フォーカス23：囚われの世界
　フォーカス24～26：信念体系領域
　フォーカス27：輪廻の中継点
フォーカス34／35：地球生命系への出入り口、I/There（向こうの自分、大きな自分）が
　　存在
フォーカス42：I/There クラスター（大きな自分の集団）が存在
フォーカス49：I/There クラスターがつながって無限の海のように広がっている状態

それぞれのフォーカス・レベルには、それを体験するためのヘミシンク音が開発されています。それを聴けば、多くの人は概ねその状態を体験するようにできています。ただし、練習と慣れが必要で、まったく一度も聴いたことがない人が突然フォーカス27用のヘミシンク音を聴いても、おそらくその状態を体験することは難しいと思われます。

これらのうち本書の中で出てきたフォーカス23から27について、もう少し詳しく説明し

ます。これらは亡くなられた人が体験する意識状態です。

フォーカス23　この状態にいる人は大きくふたつに分けられます。ひとつは、死後、物質世界への何らかの執着から、物質世界の近くに留まっている人たちです。住み慣れた家や亡くなった場所にいつづける人などです。

もうひとつは、死後、自分の思いの生み出す世界の中にいつまでもいる人です。夢を見続けているような状態です。

フォーカス24から26　ここは信念体系領域と呼ばれています。人の持つさまざまな信念、価値観、興味、欲望などに応じた世界がいくつもあり、価値観を共有する人たちが集まっています。それぞれの世界に住む人々の思いが、それぞれの世界を生み出しているのですが、思いが強固なため、そこには物質世界と同じようなリアリティがあります。宗教の宗派に基づく世界、性欲、物欲、食欲など欲に基づく世界、戦い続ける世界など、ありとあらゆる信念に対応する世界があります。

フォーカス27　ここは輪廻の中継点と呼ばれています。ここは次の生へ移行するための準備をする領域です。次の生として、いくつもの選択肢があります。たとえば、他の生命系へ行き、そこでの生命を体験するとか、自分のI/Thereへ帰還するとか。人間として生まれ変わるというのはその中のひとつにすぎません。ただ、多くの人はそれを選択します。

フォーカス27には、次の人生へ移行する準備のための多くの機能・施設とそれを手助けする大勢の生命存在がいます。人は死ぬ過程で苦痛、恐怖、悲しみ、不安など肉体的、精神的、感情的なストレスを体験している場合が多いので、まずそれらを癒す必要がありま す。そのため、ここには、そのための施設があります。そこで十分に癒されたら、次に、これまでの人生について振りかえったり、あるいは、新たなことがらを学びます。その後、次の人生について計画し、次の人生への投入まで待ちます。そして、意識を収縮し、ここでのことを思い出しにくくして、いよいよ投入されます。

ヘミシンク体験プログラム

こういったさまざまなフォーカス・レベルは順に体験して慣れていく必要があります。

それを行なうためにモンロー研究所では滞在型のヘミシンク・プログラムを開催していま す。モンロー研究所の宿泊施設に泊り、モンロー研究所のファシリテーターと呼ばれる人たちの指導のもと、ヘミシンクを毎日朝から晩まで聴きます。プログラムは土曜日の夕方から始まり、木曜の晩に終わります。

ヘミシンクではさまざまなことが体験できますので、目的に応じて、十数種類のプログラムが開催されています。ただ、その中で、すべての基礎となるのがゲートウェイ・ヴォエッジと呼ばれるものです。

このプログラムでは、ヘミシンクの基礎とフォーカス10から12、15、21を学びます。

私はモンロー研究所の公式ファシリテーターの資格を持っています。年に3回のペースでゲートウェイ・ヴォエッジを日本語で開催しています。通常1回ないし2回はアメリカのモンロー研究所で、残りは日本で開催しています。日本では今のところ山梨県の小淵沢で行なっています。

日本人対象のゲートウェイ・ヴォエッジを2005年6月から始め、これを書いている2011年4月の段階で、これまでに18回行なっています。

ゲートウェイ・ヴォエッジを卒業するとさまざまなプログラムに参加できます。

日本語で参加できるのは、ライフライン、エクスプロレーション27、スターラインズ、スターラインズⅡです。モンロー研究所のファシリテーターであるフランシーン・キングを招いて私の会社であるアクアヴィジョン・アカデミーの主催で日本で開催しています。私が通訳を行ないます。ヘミシンクもすべて日本語で聴けます。

ライフラインでは、死後世界であるフォーカス23から27までを体験します。この各領域を探索し、慣れ親しむと同時に、フォーカス23から26に囚われている人たちを救出し、フォーカス27というより自由な状態へと導くことも行ないます。本書でお話しした救出活動は、このプログラムに参加すると、やり方を学ぶことができます。

救出活動をすることで、死後世界に慣れ、その実在をさらに深く確信することができるようになります。

エクスプロレーション27は、フォーカス27についてより詳しく学ぶためのプログラムです。そこにはさまざまな機能があります。これに参加すると、亡くなった人が死後どういうプロセスを経るのか、そして、次の生へと向かうのかを理解することができます。さらに、自分が今回生まれてくる前にどういうことを計画してきたのか、なぜこの両親の下に生まれたのかといったことについても知見を得る機会があります。

このプログラムではさらに、フォーカス34／35というさらに高い状態を体験します。ここには、多くの地球外生命体が集まっていて、地球の様子を観察しています。彼らと会い、交信して、いろいろな情報を得る機会があります。アセンションについてもいろいろと学ぶことが可能です。

スターラインズは、自分をより大きな存在として知るということを、宇宙のより広範な領域を探索し、さまざまな生命系に生きる自分の仲間たちを知るということをとおして、行ないます。体験するフォーカス・レベルはフォーカス35、42、49、49のさらに上です。フォーカスが高くなるほど、より広い範囲にいる自分とその集合としての自分が把握できるようになります。

具体的には、太陽系近傍の星であるケンタウルス座アルファ、シリウス、アルクトゥルス、プレアデス星団、オリオン座の星々を探索し、さらに銀河系の中心核（コア）、アンドロメダ銀河、おとめ座銀河団を探索、さらに、銀河系コアにあるスターゲートを通って、生命エネルギーの源へと向かう流れに乗り、さらに上の意識レベルを探索します。

スターラインズⅡは、フォーカス・レベルとしては、スターラインズと同じ領域を探索しますが、異なる文脈でそれを行ないます。それはアセンションという観点です。

２００８年にデビューしたこのプログラムは、これからの10年間におけるエネルギー変容への移行にあたって、人類の集合意識を目覚めさせるための機会を作るものです。フォーカス49を通して、地球コアと銀河コアの間の道をさらに強固なものにします。そして、さまざまな方法で、次元のシフトについて探索していきます。

スターラインズⅡは、スターラインズの受講を修了した方で、さらなる意識の統合、つながり、創造的意識へとシフトし、地球や人類、そしてトータルセルフに貢献したいと望んでいる方々のためのプログラムです。このプログラムの内容は極めて多次元的であり、とても要約して述べられるようなものではありません。多くの参加者は、集合意識状態でのエクササイズを行ないながらも、極めて個人的な体験をしています。

以上の他にもモンロー研究所では、いくつものプログラムが行なわれていますが、今のところすべて英語での受講となります。

アクアヴィジョン・アカデミーでは、国内で日本語で受講できる短期のセミナーを開催しています。１日コース、２日コース、３泊４日コースなど、目的に応じたバラエティーに富んだコースを用意しています。

モンロー研究所の公式ワークショップであるエクスカージョン・ワークショップは

フォーカス10と12を2日かけて学ぶためのコースです。アクアヴィジョン・アカデミーにはモンロー研究所公認アウトリーチ・ファシリテーターが7名在籍して、東京の神楽坂でこのコースを月2回のペースで開催しています。また、全国各地でも、彼らによって、このエクスカージョンを含む各種のヘミシンク・ワークショップが開催されています。

詳しくはアクアヴィジョン・アカデミーのウェブサイト

www.aqu-aca.com

をご覧ください。巻末にもセミナー一覧があります。

ヘミシンクCD

ヘミシンクはCDという形でモンロープロダクツから市販されています。モンロープロダクツはロバート・モンローにより設立された会社でヘミシンクCDの製造販売を行なう企業です。現在では、モンロー研究所からは資本的に経営的に独立していますが、両者は協力関係にあります。ちなみに、モンロー研究所は非営利団体です。

私の会社アクアヴィジョン・アカデミーはモンロープロダクツの正規代理店をしていますので、興味のある方は、巻末に住所や電話番号などを載せていますので、ご覧ください。

以下、市販されているヘミシンクCDについてご説明します。市販されているヘミシンクCDは大きく4つのカテゴリーに分類できます。

○ゲートウェイ・エクスペリエンス

まず、ご紹介するのは、本格的にヘミシンクのエクササイズに取り組む人のために作られた家庭学習用のCDシリーズです。Wave（ウェーブ）ⅠからⅥまでの、6つのアルバムで構成されています。全部で18枚のCDがあり、合計36のエクササイズが入っています。

このCDセットは、モンロー研究所で行なわれるゲートウェイ・ヴォエッジを基に開発されました。ヘミシンクを聴いて体験を深めていくために重要な各種のメンタルツール（想像上の道具）を学びながら、フォーカス・レベルごとに段階を追ってエクササイズをステップアップしていきます。フォーカス10に始まり、12、15、21までを順にしっかりと身につけていきます。

この各アルバムのための解説書「ヘミシンク完全ガイドブックWave Ⅰ～Ⅵ」（全6巻）が、アクアヴィジョンのトレーナーでモンロー研究所公認アウトリーチ・ファシリテーターである芝根秀和さんによって書かれています。アルバムに付属するマニュアルだけではよくわからないところが、本書では詳しく解説されています。各エクササイズの理解を深めるのに適していますので、ぜひ座右の書としてください。

○メタミュージック

ヘミシンクと音楽（歌の入らない演奏）を組み合わせたCDです。音楽の楽しみとヘミシンク効果の両方を提供しています。もっとも親しみやすいヘミシンクCDと言っていいでしょう。瞑想、集中・学習、リラックス、ヒーリング、意識の拡大……など、さまざまな用途、目的別に作られています。今現在で80タイトルほどあります。

純粋に音楽として楽しむこともできます。CDの種類にもよりますが、ご家庭や職場などで、好みの曲をBGMとして流されてもいいでしょうし、さまざまなセラピーやワークの最中に流してもいいでしょう。休息や睡眠のために使われることもできます。

○シングル・タイトル

ヘミシンクと効果音、音声ガイダンス（有／無）を組み合わせることで、目的に合わせて手軽にヘミシンクのエクササイズをできるようにしたCDです。マインド・フード、ヒューマン・プラス、ハート・シンクの３つのカテゴリーがあります。

マインド・フード

瞑想や、深いリラックス、集中睡眠、集中力向上、ストレス軽減、睡眠誘導、啓示を得る……などの目的に合わせた約40タイトル（日本語ガイダンスは14タイトル）のＣＤがあります。

ヒューマン・プラス

潜在意識を活用し、心と体の状態を自分の選択する方向へと再生・改善するためのＣＤです。日常生活における実用的な用途（ダイエット、数字に強くなる、思考のスピードアップ……）のものもあります。約50タイトルありますが、残念ながら、まだ日本語版はありません。

ハート・シンク

ハート中心の瞑想が特徴のＣＤです。「動物たちと話そう」など3タイトルがあります。

○アルバム・シリーズ

特定の目的のために開発された、エクササイズ中心のヘミシンクＣＤ・ＤＶＤのセットです。ヘミシンクと効果音、音声ガイダンスを組み合わせています。

ハートを開く、アンチ・エイジング、終末医療、創造性開発、体外離脱、明晰夢、シャーマンズ・ハート……など、約15タイトル（日本語版は7タイトル）があります。

解説　バシャールとは

バシャールは、エササニというオリオン座にある、我々には知られていない、太陽系外の惑星に住む生命体です。実際には地球時間で300年後とも3000年後とも言われる未来から我々にコンタクトしてきています。

アメリカ人のダリル・アンカという人をチャネラーとして、「ワクワクして生きる」をメインコンセプトにメッセージを伝えています。

実は、バシャールは集合意識です。第4密度の肉体を持っているので、個体はありますが、それぞれの意識はつながっていて、集合意識を形成しています。その中の何人かは、宇宙船で地球上空（米国のセドナ）に待機しています。

バシャール自身は、我々が直接コンタクトすることを推奨しています。バシャールにアクセスするには、黒地に黒の三角形（背景が少し青くなっている）をイメージすればいいとのことです。ダリル・アンカのウェブサイト

http://www.bashar.org/HOMEMAIN.html

にそのイメージが載っています。

バシャールとの交信は、練習すればできるようになります。興味のある方は拙著『あなたもバシャールと交信できる』（ハート出版）をご覧ください。特にヘミシンクを学んで

からだと、コツさえわかれば、つながりやすくなります。

ポイントは、バシャールの持つ固有の周波数にこちらの意識を合わせることです。ちょうどラジオのダイヤルをラジオ局の周波数に合わせるのと同じです。

知人のことを思い出すときに、顔や話し声、身振り、雰囲気を思い出します。それらは、すべて知人のもつ特徴、つまりその人を特定する固有の周波数です。バシャールも同じように特有の周波数を持っているのです。それを思い出すことで、意識を合わせます。

周波数が合致すると、今度は情報のキャッチボールをします。こちらからは日本語でたずねます。向こうからの情報は、さまざまな形で来ます。言葉やイメージ、映像、シンボル……。言葉といっても、言葉ではない情報を受け取り、それをこちらで言語にしている感じです。慣れてくると、会話のような形で交信できるようになります。

今回交信した地球の高次意識「ペレ」との交信も、基本的に同じです。ペレの固有の周波数に意識を合わせてから、交信します。

なお、アクアヴィジョンが主催するセミナーでは、バシャールとアクセスする方法をお伝えしています。次頁にセミナー紹介がありますので、参考にしてください。

■モンロー研究所プログラム

モンロー研究所では現在、主に以下のような一週間滞在型のプログラムを開催しています。

ゲートウェイ・ヴォエッジ*、ガイドラインズ、ハートライン、ライフライン*、タイムライン、エクスプロレーション27*、MC2、リモート・ビューイング・プラクティカム、エクスプロレーション・エッセンス、スターラインズ*、スターラインズⅡ*

アクアヴィジョンで現在提供しているのは、*印の付いた5種類のプログラムです。当初は日本からの団体ツアーでモンロー研究所を訪れていましたが、今では上記5種類のプログラムのほとんどを、日本で開催しています。なお、上記5種類のプログラムは、順番に受講する必要があります。

■アクアヴィジョン・アカデミーのセミナー

その他、さまざまなヘミシンク体験セミナーを開催しています。

《1日コース・2日コース》

（1日）エクスカージョン・ワークショップ（F10コース／F12コース）、チャクラヒーリングコース、F15願望実現コース、F15超時空コース、F21探索コース、バシャールコース

（2日）創造性開発コース、F27体験コース、トータルセルフ体験コース

《宿泊コース》

（3泊4日）ガイドとの邂逅セミナー、　アセンションセミナー

著者紹介／**坂本政道** さかもとまさみち

モンロー研究所公認レジデンシャル・ファシリテーター

（株）アクアヴィジョン・アカデミー代表取締役

1954年生まれ。東京大学理学部物理学科卒、カナダトロント大学電子工学科修士課程修了。

1977年～87年、ソニー（株）にて半導体素子の開発に従事。

1987年～2000年、米国カリフォルニア州にある光通信用半導体素子メーカーＳＤＬ社にて半導体レーザーの開発に従事。2000年、変性意識状態の研究に専心するために退社。2005年２月（有）アクアヴィジョン・アカデミーを設立。

著書に「体外離脱体験」（たま出版）、「死後体験シリーズ１～４」、「絵で見る死後体験」「2012年目覚めよ地球人」「分裂する未来」「アセンションの鍵」「あなたもバシャールと交信できる」「坂本政道　ブルース・モーエンに聞く」（以上ハート出版）、「超意識 あなたの願いを叶える力」（ダイヤモンド社）、「人は、はるか銀河を越えて」（講談社インターナショナル）、「体外離脱と死後体験の謎」（学研）、「楽園実現か天変地異か」「屋久島でヘミシンク」「地球のハートチャクラにつながる（アメーバブックス新社）、「５次元世界の衝撃」（徳間書店）、「バシャール×坂本政道」（VOICE）「宇宙のニューバイブレーション」（ヒカルランド）などがある。

最新情報については、
著者のウェブサイト「体外離脱の世界」（http://www.geocities.jp/taidatu/）とアクアヴィジョン・アカデミーのウェブサイト（http://www.aqu-aca.com）に常時アップ

東日本大震災とアセンション
地球の高次意識からのメッセージ

平成23年５月16日　第１刷発行
平成23年６月29日　第３刷発行

著者　　坂本政道
発行者　日高裕明
発行　ハート出版

〒171-0014　東京都豊島区池袋３－９－23
TEL03-3590-6077　FAX03-3590-6078
ハート出版ホームページ　http://www.810.co.jp

乱丁、落丁はお取り替えします。その他お気づきの点がございましたらお知らせ下さい。

ISBN978-4-89295-691-1　　編集担当／藤川　印刷／大日本印刷

坂本政道の本

本体１５００円（「ピラミッド体験」除く）

アセンションの鍵
２０１２年とアセンションの大きな誤解。バシャールとの交信が真実を明らかにする。

ピラミッド体験
バシャールが教えたピラミッド実験で古代の叡智が暴かれる!!
本体１８００円

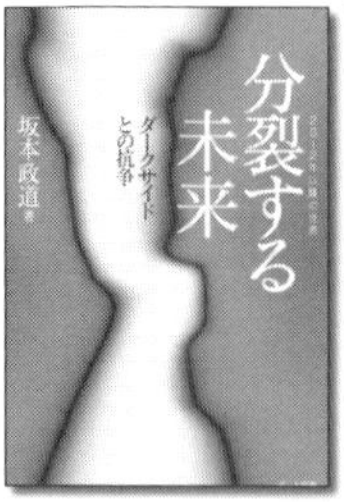

分裂する未来
バシャールとの「交信」で明らかになった「事実」。ポジティブとネガティブ、未来を選ぶのはあなた。

２０１２年目覚めよ地球人
２０１２年は一大チャンスだ。人類は「輪廻」から卒業する。

死後体験
日本人ハイテクエンジニアによる世界観が一変する驚異の体験報告。

死後体験Ⅱ
死後世界を超えた先は宇宙につながっていた！本当に生きながら死後の世界が垣間見えるのか？

死後体験Ⅲ
意識の進化とは？近未来の人類とは？さらなる探求で見えた驚愕の世界。

２０１２人類大転換
我々はどこから来たのか？死後世界から宇宙までの数々の謎が解き明かされる。